21世纪立体化中等职业学校规划教材
财经系列

新编商品流通企业会计

于 坤 蒋 巍 主 编
林冬梅 范丽霞 潘 凯 副主编

電子工業出版社
Publishing House of Electronics Industry
北京 · BEIJING

内容简介

本教材是中等职业教育国家规划教材的配套用书，是为了满足中等职业学校人才培养和全面素质教育的需要并结合最新企业准则和企业会计制度编写而成的。

本教材分为走进企业、货币资金及应收款项的核算、商品存货的进价核算、商品存货的售价核算、固定资产的核算、无形资产的核算、负债的核算、所有者权益的核算、费用和税金的核算、利润及利润分配的核算和会计报表共11个项目。

本教材既可以作为中等职业学校财会专业学生的必修课教材，也可以作为经济类、管理类专业学生的工具书，还可以作为财会专业的短期培训用书。

图书在版编目(CIP)数据

新编商品流通企业会计/于坤，蒋巍主编．—北京：电子工业出版社，2011.7
21世纪立体化中等职业学校规划教材．财经系列
ISBN 978-7-121-13152-3

Ⅰ.①新…　Ⅱ.①于…　②蒋…　Ⅲ.①商业会计-中等专业学校-教材　Ⅳ.①F715.51

中国版本图书馆CIP数据核字(2011)第047687号

策划编辑：徐　玲
责任编辑：郝黎明　　　特约编辑：胡伟卷
印　　刷：北京京师印务有限公司
装　　订：北京京师印务有限公司
出版发行：电子工业出版社
　　　　　北京市海淀区万寿路173信箱　邮编100036
开　　本：787×1 092　1/16　印张：9.25　字数：230.9千字
印　　次：2011年7月第1次印刷
印　　数：4 000册　定价：26.00元（含DVD光盘1张）

凡所购买电子工业出版社图书有缺损问题，请向购买书店调换。若书店售缺，请与本社发行部联系，联系及邮购电话：(010)88254888。

质量投诉请发邮件至zlts@phei.com.cn，盗版侵权举报请发邮件至dbqq@phei.com.cn。

服务热线：(010)88258888。

前 言

《新编商品流通企业会计》是21世纪立体化中等职业学校规划教材，是全国中等职业学校财经类主要教材。为了适应我国社会主义市场经济和会计改革及企业财务会计准则的修订，按照国际会计惯例，根据我国新颁布的《企业会计准则》和《企业会计制度》，我们组织了拥有多年实践经验的教师和企业人员编写了这本教材。

本教材力求体现如下特色。

1. 内容最新、体系完善

本教材共11个项目，全面介绍了商品流通企业会计的理论和核算方法，结构严谨、体系完善。

2. 简明扼要、联系实际

本教材内容齐全、简明扼要，密切联系我国商品流通企业的实际业务。

3. 方法齐全、深入浅出

本教材贯彻落实《企业会计准则》和《企业会计制度》，对商品流通企业会计对象的具体内容做到理论阐述清楚，操作演练具体。

4. 强化操作、注重能力

本教材注重能力培养，每个项目都联系企业的实际举例，并有课堂及课后任务训练，有利于培养学生的操作能力。

本教材由于坤、蒋巍担任主编，林冬梅、范丽霞、潘凯担任副主编，其中，项目一由于坤编写，项目二由王飞编写，项目三由唱哲编写，项目四由蒋巍编写，项目五由范丽霞编写，项目六由潘凯编写，项目七由杜春明编写，项目八由孙丽君编写，项目九由林冬梅编写，项目十由张妙龄编写，项目十一由于露、蒋远晨编写。电子教案由王喜艳、张丽梅、薛秀娟制作。光盘中的视频由王红军、王磊、王丹录制，其他内容由许振伍、周如意制作。

本教材在编写过程中得到了电子工业出版社的指导以及吉林通化职教中心、河北邯郸市农业学校、广西梧州财经学校的领导的大力支持，在此一并表示感谢。由于编者水平有限，书中如有不当之处，敬请读者批评指正。

编　者

目 录

项目一 走进企业

企业名称	中乐商业有限责任公司
注册地址	北京市大兴区南五环路129号
注册资本	100万元
企业性质	商品流通中型企业
开户行	中国工商银行太和分理处
账号	2011000198863O264
税务登记证号	2011200019559616
纳税人类型	一般纳税人
增值税率	17%
经营方式	商品流通
企业制度	执行《企业会计制度》

项目认知

通过本项目的学习，应了解商品流通企业会计的概念和职能，明确商品流通企业会计工作的任务，掌握商品流通企业核算的对象。

任务一　了解商品流通企业会计

任务目标

通过本任务的学习：

- 了解什么是商品流通企业会计。
- 明确商品流通企业会计的职能。
- 明确商品流通企业会计工作的任务。

业务认知

一、商品流通企业会计的概念

商品流通是指工农业生产的商品，通过买卖行为，从生产领域转移到消费领域的过程。商品流通是由商品流通企业负责组织和实现的。商品流通企业包括商业、粮食、物资供销、供销合作社、对外贸易、医药、石油、烟草和图书发行等企业。这类企业都是从事商品流通的独立经济实体，它们的共同点是以商品的购销业务为经济活动的中心。

商品流通企业会计是商品流通企业经济管理的一个重要组成部分，也是一种信息系统。它以货币为主要计量单位，采用专门方法，连续、系统、全面、综合地对商品流通企业的经济活动进行核算和监督，利用会计信息对经济前景进行预测和参与经济决策的一种经济管理活动。

上述商品流通企业会计的概念，包括以下几个要点。

① 商品流通企业会计是一种经济管理活动，是整个商品流通企业经济管理的一个重要组成部分，它与企业的其他管理构成一个完整的管理体系，共同对商品流通企业的经济活动进行管理和监督。

② 商品流通企业会计运用会计原理与方法连续、综合地核算和监督会计对象，即以商品购销活动为中心的经济活动。商品购销活动的实物形态表现为商品的购进和销售，其价值形态表现为“货币资金—商品资金—货币资金”循环周转的资金运动。

③ 商品流通企业会计以货币为主要计量单位，突出了以价值形式进行管理的特征，这也是它区别于其他管理形式的主要方面。

④ 商品流通企业会计又是一种信息系统，利用会计信息可以反映企业经济活动，利用数据预测经济前景，并为经济决策提供依据。

二、商品流通企业会计的职能

商品流通企业会计的职能是商品流通企业会计本身所具有的功能，概括起来有以下 5 个方面。

（一）核算经济活动

核算经济活动是指对商品流通企业以商品购销活动为中心的经济活动，通过日常账务处理提供分门别类的核算指标和反映资产、负债、所有者权益、收入、费用、利润及其分配的核算资料，反映经济活动的真实情况，提供经营管理所需要的经济信息。

（二）监督控制经济活动过程

监督控制经济活动过程是指以国家的方针、政策、法规、制度为准绳，对商品流通企业的商品购销活动过程实行监督控制，保证商品购销业务经营活动的合法性，资金使用的合理性，费用（成本）开支的节约性，利润及其分配的有效性和合法性。

（三）考核经济效果

在当前多种经营责任制并存的情况下，要增强企业活力，在激烈的市场竞争中立于不败之地，就必须不断改善经营管理，提高经济效益，为此就必须根据会计核算资料对企业经济活动进行考核，评价企业经济活动所产生的经济效果，评价企业的资金使用效益、商品经营效益和费用成本管理效益等，通过考评来完善企业内部经营机制，改善企业经营管理，持续不断地提高企业的经济效益。

（四）预测经济发展前景

商品流通企业必须根据会计核算资料所提供的各项核算指标，结合政治、经济和市场形势的变化情况，对未来的经济形势进行预测。例如，商品经营效益预测和投资预测等，以适应市场需求的变化，实现更大的经济效益。

（五）参与经济决策

预测与决策是密切联系的，在决策过程中必须要对各种预测资料进行分析比较，以实现经营目标，改善经营管理的决策，并能对未来的经济前景进行科学的预测。

三、商品流通企业会计工作的任务

商品流通企业会计工作的任务就是企业为达到既定目标对会计所提出的基本要求。它受会计对象及会计职能作用的制约。其主要任务如下所列。

（一）反映经济活动，提供可靠信息

在市场竞争日趋激烈的情况下，为更好地适应市场的需要，最大限度地提高经济效益，商品流通企业在了解自身经营状况的基础上，及时分析市场变化趋势以做出适应市场变化的经营决策。此外，还要加强经济核算，通过会计核算如实地反映企业财务状况和财务成果，利用本身特有的职能，连续、系统地记录和反映企业的经济活动，向国家、企业决策者、投资人、债权人和其他有关单位提供系统、可靠的会计信息。

（二）优化资产管理，提高经济效益

商品流通企业的各项资产不仅是开展经营活动的物质基础，也是企业实现收益的经济资源。

会计不仅要通过自身的工作切实保护企业财产的安全、完整，还应主动参与经营管理，促使企业各项资产的合理配置，达到资产存量适度，结构合理，周转流畅，消耗节省。通过对日常发生的资产增减的记录、计算、控制和考核，及时反映资产变动情况，控制资产的周转和消耗，以达到资产逐步增值的目的。

（三）强化会计分析，改善经营管理

商品流通企业会计除了对企业日常经济活动进行核算以外，还要开展会计分析，使会计职能得到充分的发挥。企业应利用已有的各种会计核算资料，对各项财务指标的执行完成情况进行分析，肯定成绩，发现差错，挖掘增收节支的潜力，并对企业财务状况的发展趋势开展预测分析。由于市场行情瞬息万变，所以财务分析要有超前性和预见性，要紧密联系业务活动，调查研究，采用科学的方法，预测经济活动的发展前景，提出可供选择的决策方案，促使企业决策具有科学性和准确性。

（四）严格会计监督制度，维护财经纪律

商品流通企业必须以国家规定的财经政策、法令、制度和财经纪律为依据，对企业经济活动的合法性、合理性和有效性进行监督，对原始凭证的经济手续进行严格审查，揭露和制止违法乱纪活动，堵塞财务收支漏洞，为维护国家财经制度而努力。会计工作者必须认真学习政策、法令和财经纪律，宣传有关政策法规，以政策法规为武器，维护企业自身的合法权益。

以上各项任务是互相联系、互相补充、不可分割的整体。提供准确可靠的会计信息，是全面完成各项会计工作任务的基础；优化资产管理，促进经济效益的不断提高，是会计工作的出发点和归宿，也是完成会计工作任务的根本目的；强化会计分析是改善企业经营管理，提高经济效益的基本手段；严格会计监督制度，维护财经纪律则是全面完成会计工作任务的重要保证。

任务二　商品流通企业会计核算的对象

任务目标

通过本任务的学习：

- 明确商品流通企业会计的对象。
- 掌握会计平衡公式。

业务认知

一、商品流通企业会计的对象

会计对象是指会计核算和监督的内容，是社会再生产过程中能用货币表现的所有经济活动。商品流通企业会计核算对象就是商品流通企业的商品购进、销售、储存等经营活动，以及由此而形成的营业收入和支出、成本和费用、债权和债务、利润的形成和分配等会计事项。如果对会计事项所确认的项目进行归类就构成了会计六要素：资产、负债、所有者权益、收入、费用和利润，这六要素也可以说是商品流通企业会计核算和监督的具体内容。

（一）资产

1. 资产的定义

资产是指企业过去的交易或者事项形成的，由企业拥有或者控制的，预期会给企业带来经济利益的资源。

2. 资产的特征

① 企业过去的交易或者事项包括购买、生产、建造行为或者其他交易或事项。预期在未来发生的交易或者事项不形成资产。

② 拥有或者控制是指企业享有某项资源的所有权，或者虽然不享有某项资源的所有权，但该资源能被企业所控制。这里的拥有泛指企业的各项财产、债权和其他权利，而控制则是指企业只具有使用权而没有所有权的各种经济资源。

③ 预期会给企业带来经济利益是指直接或者间接导致现金和现金等价物流入企业的潜力。即单独与企业的其他要素结合起来，能够在未来直接或间接地产生净现金流入量，这是资产的本质所在。按照这一特征，判断一个项目是否构成资产，一定要看他是否潜存着未来的经济利益。只有那些潜存着未来的经济利益的项目才能确认为资产。

3. 资产的分类

资产按其流动性可以分为流动资产和非流动资产。

① 流动资产是指企业在一年内或长于一年的一个营业周期内变现或者耗用的资产，包括货币资金、交易性金融资产、应收票据、应收账款、预付账款、应收利息、应收股利、其他应收款和存货等。流动资产的一个重要特点是在参加生产经营活动时，其价值一次转移到产品成本或费用中去。

② 非流动资产是指不能在一年内或长于一年的一个营业周期内变现或者耗用的资产，包括可供出售金融资产、持有至到期投资、长期应收款、长期股权投资、投资性房地产、固定资产、无形资产、商誉和长期待摊费用等。

（二）负债

1. 负债的定义

负债是指企业过去的交易或者事项形成的，预期会导致经济利益流出企业的现时义务。

2. 负债的特征：

① 负债是企业承担的现时义务。它是负债的一个基本特征。其中现时义务是指企业在现时条件下已承担的义务。未来发生的交易或者事项形成的义务，不属于现时义务，不应当确认为

负债。

② 负债预期会导致经济利益流出企业。预期会导致经济利益流出企业也是负债的一个本质特征。只有企业在履行义务时,导致经济利益流出企业的,才符合负债的定义,如果不会导致经济利益流出企业的,就不符合负债的定义。

③ 负债是由过去的交易或者事项形成的。只有过去的交易或者事项才形成负债,企业将在未来发生的承诺、签订的合同等交易或者事项,不形成负债。

3. 负债的分类

负债按其流动性分为流动负债和非流动负债。

① 流动负债

流动负债是指将在一年或超过一年的一个营业周期内偿还的债务,包括短期借款、应付票据、应付账款、预收账款、应付职工薪酬、应缴税费、应付利润和其他应付款等。

② 非流动负债

非流动负债是指偿还期在一年或超过一年的一个营业周期以上的债务,包括长期借款、应付债券和长期应付款等。

(三)所有者权益

1. 所有者权益的定义

所有者权益是指企业资产扣除负债后,由所有者享有的剩余权益。公司的所有者权益又称为股东权益。所有者权益是所有者对企业资产剩余的索取权。

2. 所有者权益的来源

所有者权益的来源包括所有者投入的资本、直接计入所有者权益的利得和损失以及留存收益等。

① 所有者投入资本

所有者投入资本是指所有者投入企业的资本部分,既包括构成企业注册资本或者股本部分的金额,也包括投入资本超过注册资本或者股本部分的金额,即资本溢价或股本溢价。

② 直接计入所有者权益的利得和损失

直接计入所有者权益的利得和损失是指不应计入当期损益、会导致所有者权益发生增减变动的、与所有者投入资本或者向投资者分配利润无关的利得和损失。

利得是指由企业非日常活动所形成的,会导致所有者权益发生增加的,与所有者投入资本无关的经济利益的流入。它分为直接计入所有者权益的利得和直接计入当期利润的利得。

损失是指由企业非日常活动所发生的,会导致所有者权益发生减少的,与向所有者分配利润无关的经济利益的流出。它分为直接计入所有者权益的损失和直接计入当期利润的损失。

③ 留存收益

留存收益是指企业历年实现的净利润留存于企业的部分,主要包括盈余公积和未分配利润。

(四)收入

1. 收入的定义

收入是指企业在日常活动中形成的、会导致所有者权益增加的、与所有者投入资本无关的经济利益的总流入。

2. 收入的特征

① 收入应当是企业在日常活动中形成的。

② 收入应当会导致经济利益的流入,该流入不包括所有者投入的资本。

③ 收入应当最终会导致所有者权益的增加。

3. 收入的分类

收入按企业经营业务的主次分为主营业务收入和其他业务收入。主营业务收入一般是指营业执照所注明的主营业务所取得的收入，其他业务收入一般是指营业执照所注明的兼营业务所取得的收入。

（五）费用

1. 费用的定义

费用是指企业在日常活动中发生的、会导致所有者权益减少的、与向所有者利润分配无关的经济利益的总流出。

2. 费用的特征

① 费用应当是企业在日常活动中发生的。

② 费用应当是会导致经济利益的流出，该流出不包括向所有者分配的利润。

③ 费用应当最终会导致所有者权益的减少。

3. 费用的分类

费用按经济用途不同分为生产成本和期间费用。前者计入产品成本，包括直接材料、直接人工和制造费用；后者不计入产品成本而直接计入当期损益，包括管理费用、财务费用和销售费用。

（六）利润

1. 利润的定义

利润是指企业在一定会计期间的经营成果，包括收入减去费用后的净额、直接计入当期利润的利得和损失。

直接计入当期利润的利得是指应当计入当期损益、会导致所有者权益发生增减变动的、与所有者投入资本或者向所有者分配利润无关的利得。

直接计入当期利润的损失是指应当计入当期损益、会导致所有者权益发生增减变动的、与所有者投入资本或者向所有者分配利润无关的损失。

2. 利润的来源构成

利润反映的是收入减去费用、利得减去损失的净额，因此，利润的确认主要依赖于收入和费用、利得和损失的确认，其金额的确定也要取决于收入和费用、利得和损失金额的计量。经常用到的利润包括营业利润、利润总额和净利润，三者的关系如下所示。

营业利润＝主营业务收入－主营业务成本－主营业务税金及附加＋其他业务利润－期间费用

利润总额＝营业利润＋投资收益＋补贴收入＋营业外收入－营业外支出

净利润＝利润总额－所得税

3. 利润与资产、负债和所有者权益的关系

从企业的产权关系看，企业实现的利润是属于所有者的，企业发生的亏损最终也应由所有者来承担。因此，利润大于零（实现利润）时，一方面表现为资产的净增加或负债的净减少，另一方面表现为所有者权益增加；利润小于零（发生亏损）时，一方面表现为资产的净减少或负债的净增加，另一方面表现为所有者权益减少。

二、会计等式

会计等式亦称会计方程式或会计平衡公式。它揭示了会计基本要素之间的联系。商品流通

企业开展经营业务,必须拥有一定数额的资产。有资产必定有相应的来源,其渠道有两条:一是企业负债,二是所有者权益,所以资产总额与负债及所有者权益之和必然保持恒等关系。会计要素之间这种内在的关系,可用会计等式表示出来,这种平衡等式就叫会计平衡公式。它是设置账户、复式记账和编制会计报表的理论依据。

(一)基本会计等式

1. 会计等式的公式

资产 = 负债 + 所有者权益

这个会计等式表明了企业财务状况三要素之间的关系,企业的资产只有两个渠道和归属,一部分来源和归属于债权人,另一部分来源和归属于所有者。归属于债权人的部分形成负债,归属于所有者的部分形成所有者权益,债权人的权益和所有者权益总称为权益。

由此可见,一定数额的资产必然对应着相同数量的负债和所有者权益,而一定数额的负债和所有者权益也必然对应着相同金额的资产。这一恒等关系用公式表示出来如下所示。

资产 = 负债 + 所有者权益

或 资产 = 权益

2. 会计等式的含义

① 该等式反映了企业任何一个时点资产的分布状况及其形成来源,无论在什么时点,资产、负债、所有者权益都应保持上述恒等关系。

② 该等式反映的是企业资金的相对静止状态,也称为静态会计等式。

3. 会计等式的意义

该等式表明在同一时点上,资产、负债、所有者权益之间的恒等关系,是最基本的会计等式,是复式记账法的理论基础,也是编制资产负债表的依据。

(二)扩展的会计等式

如果考虑到收入、费用和利润这三个要素,其会计等式如下所示。

资产 = 负债 + 所有者权益 +(收入 - 费用)

或 资产 = 负债 + 所有者权益 + 利润

① 企业收入的取得或者表现为资产要素和收入要素同时、同等金额的增加,或者表现为收入要素的增加和负债要素同等金额的减少,结果是等式仍然保持平衡。

② 企业费用的发生或者表现为负债要素和费用要素同时、同等金额的增加,或者表现为费用要素的增加和资产要素同等金额的减少,结果是等式仍然保持平衡。

③ 在会计期末,将收入与费用相减得出企业的利润。利润在按规定程序进行分配后,留存企业的部分(包括盈余公积和未分配利润)转化为所有者权益的增加(或减少),同时,要么资产要素相应增加(或减少),要么负债要素相应减少(或增加),结果是等式仍然保持平衡。

由于收入、费用和利润这三个要素的变化实质上都可以表现为所有者权益的变化,因此,上述扩展的会计等式才会始终保持平衡。

以上分析说明,资产、负债、所有者权益、收入、费用和利润这六个要素之间存在着一种恒等关系并反映了这种恒等关系,因而,它始终成立。任何会计事项的发生都不会破坏会计等式的平衡关系。

任务训练

一、复习思考题

1. 什么是商品流通企业会计?
2. 商品流通企业会计的职能是什么?
3. 商品流通企业会计反映和监督的具体内容是什么?
4. 写出会计等式。

二、实践题

将班级学生分成几个小组,调查一个商品流通企业,了解企业的性质、规模、执行什么会计制度、会计机构的设置、库存商品采用什么方法核算。

项目二

货币资金及应收款项的核算

项目认知

通过本项目的学习，了解货币资金在企业资产中的作用，明确货币资金内容、概念和适用范围及坏账的概念和范围；熟悉现金的使用范围及管理要求；掌握货币资金的日常核算方法以及应收款项及预付款项的核算方法。

任务一　货币资金概述

任务目标

通过本任务的学习：

- 了解货币资金在资产中的作用。
- 明确货币资金核算的内容。

业务认知

货币资产亦称货币资金，是指在企业生产经营过程中处于货币形态的那部分资金，按其形态和用途不同可分为库存现金、银行存款和其他货币资金。货币资金是货币形态表现的资金，属于流动资产，具有专门用途的货币资金不包括在内。它是企业中最活跃的资金，流动性强，是企业的重要支付手段和流通手段，因而是流动资产的审查重点。其他货币资金包括外埠存款、银行汇票存款、银行本票存款、信用证保证金存款、信用卡存款和存出投资款等。

任务二　现金的核算

任务目标

通过本任务的学习：

- 了解办理现金业务的手续制度。
- 明确现金的管理要求。
- 掌握现金收支及清查的核算方法。

业务认知

从狭义上来说,库存现金是指存放于企业并满足日常开支需要的资金。企业的现金收付业务比较频繁,容易造成差错。因此,企业必须对其加强管理和控制。

一、现金出纳业务的手续制度

① 一切现金收付必须要有凭有据,要严格审查现金收付款凭证,对于手续不完备或违反财经纪律和财务制度的收付款项,财会部门有权拒绝办理。

② 加强现金收付的清点和复核制度,防止收付差错的发生。

③ 出纳人员在收付现金后,应在有关的收付款原始凭证上加盖“现金收讫”或“现金付讫”的戳记及出纳人员人名章,并于当日逐笔登记现金日记账。

④ 严格现金清查盘点制度。每日业务终了,出纳人员应将现金日记账结出余额并与库存现金相核对,以保证账款相符。如果发生现金长余或短缺,应及时列账并查明原因报请领导批准进行相应的账务处理。

⑤ 实行“钱账分管、内部牵制”制度。企业现金的收、付、保管等工作应配备专职或兼职的出纳人员。会计和出纳要合理分工,明确职责,实行钱账分管。出纳人员负责现金收付和保管工作以及现金日记账的登记工作,出纳人员不得兼管稽核、会计档案保管和债权债务、收入费用账目的登记工作。会计人员也不得兼管现金出纳工作,即“管钱不管账,管账不管钱”,二者相互牵制和监督。

⑥ 加强现金管理的审查监督,严格执行现金出纳的有关规定。按照《现金管理暂行条例》及其实施细则规定,企事业单位、机关团体和部队现金管理应遵循以下“八不准”:不准用不符合财务制度的凭证顶替库存现金;不准单位之间互相借用现金;不准谎报用途套取现金;不准利用银行账户代其他单位和个人存入或支取现金;不准将单位收入的现金以个人名义存入储蓄;不准保留账外公款;不准发生变相货币;不准以任何票证代替人民币在市场上流通。

二、现金的使用范围

企业应按照国务院颁发的《现金管理暂行条例》的规定,在下列范围内使用现金。

① 职工工资、津贴。

② 个人劳务报酬。

③ 颁发给个人的科学技术、文化艺术和体育等奖金。

④ 各种劳保、福利费用以及国家规定的对个人的其他现金支出。

⑤ 收购单位向个人收购农副产品和其他物资的价款。

⑥ 出差人员必须随身携带的差旅费。

⑦ 结算起点以下的零星支出。

⑧ 中国人民银行确定需要现金支付的其他支出。

除上述范围可以使用现金支付外,其他支付都要通过银行办理非现金的转账结算。

三、库存现金限额

为了加强对现金的管理，既保证各单位现金的安全，又促使货币回笼，及时开支，国家规定由开户银行给各单位核定一个保留现金的最高额度，即库存现金限额。核定单位库存限额的原则是，既要保证单位日常零星现金支付的合理需要，又要尽量符合现金的使用。为了严格现金管理，保证各单位及时支付日常零星开支，根据《现金管理暂行条例》及其实施细则规定，库存现金限额由开户银行和开户单位根据具体情况商定，凡在银行开立存款账户的单位，银行根据实际需要核定3~5天的日常零星开支数额作为该单位的库存现金限额。边远地区和交通不便地区的开户单位，其库存现金限额的核定天数可适当放宽在5天以上，但最多不得超过15天的日常零星开支的需要量。库存现金限额每年核定一次，经核定的库存现金限额，开户单位必须严格遵守。此外，企业销售商品收入的现金应及时送存银行，未经银行同意不得从销售收入中"坐支"现金。

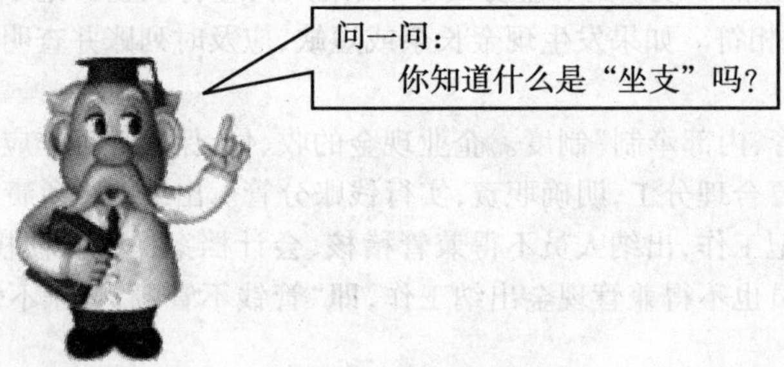

四、现金收付业务的核算

企业现金收付业务是通过设置"库存现金"账户核算的，属于资产类账户，借方登记现金的收入，贷方登记现金的支出，余额在借方，反映企业由现金出纳人员掌握的库存现金实存额。

例2-1　中东商业有限责任公司2011年7月发生如下现金收付业务。

①1日，开出现金支票一张，向银行提取现金1 500元备用。根据现金支票存根，编制会计分录如下。

借：库存现金	1 500	
贷：银行存款		1 500

②3日，采购员田方正因公出差，预借差旅费2 000元。根据经批准的借款单，编制会计分录如下。

借：其他应收款——田方正	2 000	
贷：库存现金		2 000

③6日，销售商品取得现金收入351元，其中，价款300元，增值税款51元。根据增值税专用发票编制会计分录如下。

借：库存现金	351	
贷：主营业务收入		300
应缴税费——应缴增值税（销项税额）		51

④ 10 日,以现金 270 元购买办公用品。根据发票编制会计分录如下。

借:管理费用——办公费　　270

　　贷:库存现金　　270

⑤ 15 日,职工田方正出差归来报销差旅费 1 980 元,交回现金 20 元。根据差旅费报销单和收据编制会计分录如下。

借:销售费用——差旅费　　1 980

　　库存现金　　20

　　贷:其他应收款——田方正　　2 000

五、现金的清查

为了保证账款相符,防止现金发生差错、丢失或被贪污、挪用,每日营业终了,应清查盘点库存现金。现金清查包括出纳人员每日终了的清查核对和企业组织清查小组进行定期或不定期的清查。现金清查的基本方法是实地盘点,并将盘点后的实际库存数与现金日记账余额进行核对。

现金清查后,应根据清查结果填制"现金盘点报告表"。凡现金实存数大于账存数称为现金长款;现金实存数小于账存数称为现金短款。"长款"和"短款"实际上是指库存现金的长余和短缺。如果发生账存数与实存数不符,在查明处理之前,应先通过"待处理财产损溢"账户核算,并调整"库存现金"账户的记录,达到账实相符。对盘点时发现的现金溢缺,要及时查明原因进行处理。

想一想:

如果发现长款,在批准前该如何进行账务处理?

例 2-2　中东商业有限责任公司 2011 年 7 月发生下列业务。

① 进行现金清查,发现现金短缺 100 元,原因待查。根据"现金盘点报告表"编制会计分录如下。

借:待处理财产损溢——待处理流动资产损溢　　100

　　贷:库存现金　　100

② 经过核查,认为现金短缺出纳员有一定的责任,经单位领导批准,出纳员应赔偿 60 元,其余企业核销。根据有关凭据编制会计分录如下。

借:其他应收款　　60

　　管理费用　　40

　　贷:待处理财产损溢——待处理流动资产损溢　　100

若为长款,批准后,如果属于应支付给他人的,借记"待处理财产损溢——待处理流动资产损溢",贷记"其他应付款";如果查不明原因,借记"待处理财产损溢——待处理流动资产损溢",贷记"营业外收入"。

任务三 银行存款的核算

任务目标

通过本任务的学习：

- 了解银行结算账户的类型。
- 明确办理银行存款的手续制度。
- 掌握银行存款的核算方法。

业务认知

银行存款是指企业存放于银行或其他金融机构的货币资金。我国银行存款包括人民币存款和外币存款两种。

根据国家有关规定，凡是独立核算的企业，都必须在当地银行开设账户。企业在银行开设账户后，除按银行规定的企业库存现金限额保留一定的库存现金外，超过限额的现金都必须存入银行。企事业经济活动所发生的一切货币收支业务，除按国家《现金管理暂行条例》中规定可以使用现金直接支付的款项外，其他都必须按银行支付结算办法的规定，通过银行账户进行转账结算。按照资金的不同性质、用途和管理要求，存款账户可分为基本存款账户、一般存款账户、临时存款账户和专用存款账户4种。

知识链接：

① 基本存款账户是指存款人办理日常转账结算和现金收付需要开立的银行结算账户。

② 一般存款账户是指因借款或其他结算需要，在基本存款账户开户银行以外的银行营业机构开立的银行结算账户。

③ 临时存款账户是指存款人因临时需要并在规定限内使用而开立的银行结算账户。

④ 专用存款账户是指存款人按照法律、行政法规和规章，对有特定用途资金管理和使用而开立的银行结算账户。

一、银行存款的存取手续

为了有利于银行存款的管理和监督，银行存款的收付事项必须做到凭证齐全、真实准确、手续完备。企业收入的一切款项，除国家规定的以外，都必须于当日送交开户银行；一切支出，除规定可用现金支出以外，均需通过银行办理转账。银行存款的存入和支出，必须按照规定办理，企业在银行开设的账户不得出租出借，财会人员在办理银行存款收支业务时，应严格执行下列规定。

① 企业将款项送存银行时，应填制“进账单”，连同现金或结算凭证送交银行，银行收妥后，

凭回单据以入账，或由银行根据结算办法规定，将应归企业收入的款项，主动转入存款户，并将收账通知送交企业据以入账。

② 企业从银行支取现金或委托银行支付款项时，应按规定签发支票或其他结算凭证，送交银行办理取款或转账，企业根据有关支款凭证存根或回单据以入账。

③ 企业签发支票或其他结算凭证，必须有足够的存款。严禁签发空头支票，不准携带空白支票。各种结算凭证都应如实填明收付款单位，款项来源或用途。

④ 银行存款也应与现金管理一样，应由出纳人员办理收付款业务，实行钱账分管、印鉴分管等内部牵制制度。

二、银行存款收付业务的核算

银行存款的收付业务是通过设置"银行存款"账户进行核算的，属于资产类账户，借方登记企业存入银行或其他金融机构的款项，贷方登记提取和支付的款项，余额在借方，反映银行存款的结存数。

例 2-3 中东商业有限责任公司2011年7月初银行存款日记账余额为679 000元，7月份发生如下有关银行存款收付业务。

① 2日，外购一批商品，货款30 000元，增值税款5 100元，已开出转账支票，商品到达并验收入库。根据支票存根及有关凭证编制会计分录如下。

借：库存商品	30 000	
应缴税费——应缴增值税（进项税额）	5 100	
贷：银行存款		35 100

② 6日，以银行存款10 000元支付广告费。根据有关凭据编制会计分录如下。

借：销售费用——广告费	10 000	
贷：银行存款		10 000

③ 10日，以银行存款支付管理部门电话费1 900元。根据银行结算凭证编制会计分录如下。

借：管理费用——电话费	1 900	
贷：银行存款		1 900

④ 13日，签发转账支票一张外购一辆汽车，价款计100 000元。根据有关凭据编制会计分录如下。

借：固定资产	100 000	
贷：银行存款		100 000

⑤ 20日，销售商品1 000件，每件100元，增值税率为17%，款项存入银行，根据增值税专用发票编制会计分录如下。

借：银行存款	117 000	
贷：主营业务收入		100 000
应缴税费——应缴增值税（销项税额）		17 000

银行存款除进行总分类核算外，为了及时、详细反映银行存款的收入、付出和结存情况，企业应按开户银行、存款种类分别设置"银行存款日记账"，由出纳人员根据审核无误的收付款凭证及所附原始凭证，按照经济业务发生先后顺序逐日逐笔登记，每日终了应加计收付总数，结出银行存款结存额。

三、银行存款的清查

银行存款的清查一般采用核对账目的方法,即将本企业银行存款日记账与银行转来的对账单逐笔核对,每月至少核对一次,对于双方一致的记录,要在日记账和对账单上作标记;对于一方有记录,另一方没有记录的收付款项,作为未达账项进行调节。

所谓未达账项是指企业与银行之间,由于双方收付款结算凭证传递方式和入账时间不一致,一方已入账,另一方尚未入账的款项。归纳起来,未达账项有以下4种情况。

① 银行已经收款入账,而企业尚未收款入账的款项,即银行已收企业未收。

② 银行已经付款记账,而企业尚未付款记账的款项,即银行已付企业未付。

③ 企业已经收款入账,而银行尚未收款入账的款项,即企业已收银行未收。

④ 企业已经付款记账,而银行尚未付款记账的款项,即企业已付银行未付。

将银行存款日记账与银行对账单逐笔核对后,对于未达账项应采用适当的方法进行调节,以消除未达账项对双方账面记录的影响。调节未达账项的方法很多,一般采用余额调节法。余额调节法是在双方账面余额的基础上各自加上对方已收而本单位未入账数额,减去对方已付而本单位未付账数额,以消除未达账项对双方账面余额影响的一种方法。这种方法相当于把各自的未达账项补记入账,其计算公式如下。

企业银行存款日记账余额+银行已收而企业未收的款项-银行已付而企业未付的款项
=银行对账单余额+企业已收而银行未收的款项-企业已付而银行未付的款项

按余额调节法调节未达账项时,通常要根据上述公式编制“银行存款余额调节表”。

例2-4 中东商业有限责任公司2011年7月31日,银行存款日记账余额为100 300元,银行对账单余额为95 600元,经逐笔核对发现有如下未达账项。

① 7月30日,企业签发转账支票16 000元购买商品,企业已作付款记账,银行尚未办理转账。

② 7月30日,企业送存银行出售商品款5 850元,银行尚未收账。

③ 7月31日,企业应兑付商业汇票39 000元到期,银行已按时划拨转出,企业尚未接到付款通知。

④ 7月31日,收到委托银行收回的销货款24 150元,银行已划回收账,企业尚未接到收款通知。

根据上述资料,编制“银行存款余额调节表”,如表2.1所示。

表2.1 银行存款余额调节表

2011年7月31日

项 目	金 额	项 目	金 额
银行存款日记账余额	100 300	银行对账单余额	95 600
加:银行已收而企业未收的款项	24 150	加:企业已收而银行未收的款项	5 850
减:银行已付而企业未付的款项	39 000	减:企业已付而银行未付的款项	16 000
调节后余额	85 450	调节后余额	85 450

企业与银行的账面余额,在消除未达账项的影响后应该平衡。如果调节未达账项后双方余额相等,证明双方的账簿记录相符;如果调节后仍不相等,则说明企业或银行账簿记录有错误,企

业财会部门应迅速与银行联系，找出账簿记录错误及其原因，及时予以更正。未达账项的调节平衡，并不是对账面记录的更改，平衡的数额也不是企业可以马上动用的存款数额，只有银行结算凭证全部到达入账后的存款余额，才是企业可以使用的银行存款数额。

任务四　其他货币资金的核算

任务目标

通过本任务的学习：

- 明确其他货币资金核算的内容。
- 掌握其他货币资金的核算方法。

业务认知

企业的其他货币资金是指除了现金及银行存款以外的货币资金，包括外埠存款、银行汇票存款、银行本票存款、信用证保证金存款、信用卡存款和存出投资款等。

为了总括地反映和监督企业其他货币资金的增减变动情况，企业应设置"其他货币资金"科目，属于资产类科目，借方登记其他货币资金的增加数，贷方登记其减少数，期末余额在借方，反映企业实际持有的其他货币资金。为了反映详细情况，该账户应设置"外埠存款"、"银行汇票存款"、"银行本票存款"、"信用证保证金存款"和"信用卡存款"等明细账户。

一、外埠存款的核算

外埠存款是指企业到外地进行临时或零星采购时，汇往采购专户的款项。

例 2－5　中东商业有限责任公司 2011 年 7 月发生如下业务。

① 委托银行将 70 000 元款项汇往采购地开立采购专户。根据有关凭证编制会计分录如下。

借：其他货币资金——外埠存款	70 000	
贷：银行存款		70 000

② 企业收到采购员交来供应单位发票账单等报销凭证，注明采购商品价款 50 000 元，增值税款 8 500 元。根据发票及有关凭证编制会计分录如下。

借：库存商品	50 000	
应缴税费——应缴增值税（进项税额）	8 500	
贷：其他货币资金——外埠存款		58 500

③ 将多余的外埠存款 11 500 元转回当地银行时，根据银行收账通知编制会计分录如下。

借：银行存款	11 500	
贷：其他货币资金——外埠存款		11 500

二、银行汇票存款的核算

银行汇票存款是指企业为取得银行汇票，按照规定存入银行的款项。

例 2-6 中东商业有限责任公司 2011 年 7 月份发生如下业务。

① 企业委托银行办理了 50 000 元银行汇票，企业填写"银行汇票申请书"并将款项交存银行，取得银行汇票后，根据银行盖章退回的申请存根联编制会计分录如下。

借：其他货币资金——银行汇票存款	50 000	
贷：银行存款		50 000

② 根据收到的发票账单，其中商品价款 50 000 元，增值税款 8 500 元，商品到达并验收入库，企业补付价款。编制会计分录如下。

借：库存商品	50 000	
应缴税费——应缴增值税（进项税额）	8 500	
贷：其他货币资金——银行汇票存款		50 000
银行存款		8 500

三、银行本票的核算

银行本票存款是指企业为了取得银行本票按照规定存入银行的款项。

例 2-7 中东商业有限责任公司 2011 年 7 月份发生如下业务。

① 企业向银行申请办理银行本票 35 100 元，企业向银行提交"银行本票申请书"，并将款项交存银行，取得银行本票后，根据银行盖章退回的申请书存根联编制会计分录如下。

借：其他货币资金——银行本票存款	35 100	
贷：银行存款		35 100

② 使用银行本票后，根据发票账单等凭证列明的商品价款 30 000 元，增值税款 5 100 元，并根据有关凭证编制会计分录如下。

借：库存商品	30 000	
应缴税费——应缴增值税（进项税额）	5 100	
贷：其他货币资金——银行本票存款		35 100

四、信用证保证金存款的核算

信用证保证金存款是指为了取得信用证按规定存入银行的保证金。

例 2-8 中东商业有限责任公司 2011 年 7 月份发生如下业务。

① 企业因采购需要向银行申请开立信用证，企业在按规定向银行提交开证申请书、信用证申请人承诺书和购销合同后，向银行交纳保证金 200 000 元。根据银行退回的进账单第一联编制会计分录如下。

借：其他货币资金——信用证保证金存款	200 000	
贷：银行存款		200 000

② 企业根据开证行交来的信用证来单通知书及有关单据列明的商品价款 150 000 元，增值税款 25 500 元，余款退回存入银行。编制会计分录如下。

借：库存商品	150 000	
应缴税费——应缴增值税（进项税额）	25 500	

银行存款　　24 500
贷:其他货币资金——信用证保证金存款　　200 000

五、信用卡存款的核算

信用卡存款是指为了取得信用卡存入银行的款项。

例2－9　中东商业有限责任公司2011年7月份发生如下业务。

① 企业填制信用卡申请表,连同8 000元转账支票和有关资料一并送交发卡银行申请单位信用卡。根据银行盖章退回的进账单回单编制会计分录如下。

借:其他货币资金——信用卡存款　　8 000
　贷:银行存款　　8 000

② 用信用卡支付广告费7 000元,根据有关凭据编制会计分录如下。

借:销售费用——广告费　　7 000
　贷:其他货币资金——信用卡存款　　7 000

任务五　应收及预付款项的核算

任务目标

通过本任务的学习:

- 明确应收及预付款项的核算的内容。
- 掌握应收及预付款项的核算的方法。

业务认知

一、应收及预付款项的概念及包括的内容

应收款项是指企业因为发生商品销售、劳务供应等活动,而应向购货单位或接受劳务供应单位收取的款项。

预付款项是指企业因为将要发生外购商品和接受劳务等经济业务,而预付给供货单位或提供劳务单位的款项。

应收及预付款项的内容包括:① 应收账款;② 应收票据;③ 其他应收款;④ 预付账款等。

企业必须加强对应收款项的管理。应收账款是企业对销售商品、提供劳务等所形成的尚未收回的被购货单位、接受劳务单位所占用的本企业经营资金。通过销售取得货币资金的增值,以补偿购买商品过程中的耗费,保证持续经营。企业商品销售后,如果不能及时收回货币资金,再一次参加经营时资金的周转就不能维持正常的经营秩序。因此企业必须根据业务情况,控制应收款项的限额和收回时间,应采取有效措施组织催收,以避免企业资金被其他单位长期占用。同时,对于长期未收回的应收款项,应查明原因继续催收,及时收回。如果确实无法收回的,应取得有关方面的证明,并经有关部门批准后,列为坏账处理。

应收及预付款项核算应注意如下问题。

① 营业性的应收及预付款项与非营业性的应收及预付款项二者必须单独核算。

② 必须按实际发生额进账。

③ 对于应收款项，按规定提取坏账准备。

④ 及时催收、清算各种应收及预付款项。

⑤ 定期与应收及预付款项单位进行核对，发生差错，应查明原因并予以更正。

⑥ 已确认无法收回的应收款项，冲销坏账准备。

二、应收账款的核算

企业为了反映应收账款增减变动及结余情况，应设置“应收账款”账户。它属于资产类账户，借方登记因销售而应向购货方收取的款项，贷方登记企业收到购货方支付的款项，期末余额一般在借方，反映企业尚未收回的账款。该账户按购货单位设置三栏式明细账，以反映各购货单位货款的支付情况。

企业经营收入发生应收款项时，借记本账户，贷记“主营业务收入”和“其他业务收入”等科目，收到款项时，借记“银行存款”账户，贷记本账户。

企业代购货单位垫付的包装费、运杂费，借记本账户，贷记“银行存款”账户，收回代垫费用时，借记“银行存款”账户，贷记本账户。

如果企业应收账款使用商业汇票结算，在收到承兑的商业汇票时，借记“应收票据”账户，贷记本账户。

例 2－10 中东商业有限责任公司2011年7月11日向恒远公司销售甲商品，发出100件，每件售价3 000元，货款300 000元，增值税率为17%，开出转账支票，代垫运费5 000元，商品已发出并委托银行收取货款及代垫运费，已办妥托收手续。根据有关增值税发票及运费单据等原始凭证编制会计分录如下。

借：应收账款——恒远公司	356 000	
贷：主营业务收入——甲商品		300 000
应缴税费——应缴增值税（销项税额）		51 000
银行存款		5 000

7月20日收到恒远公司支付的上述款项存入银行，编制会计分录如下。

借：银行存款	356 000	
贷：应收账款——恒远公司		356 000

三、现金折扣与商业折扣的核算

（一）现金折扣的核算

在实际工作中，企业在赊销时为加速货款回笼，对客户在折扣期内付款而给予总价款上一定的优惠，即现金折扣。其表现形式为2/10、1/20和n/30等，其含义为企业允许客户购货后延期付款天数为30天，而对于客户在10天内付款，则对其应付总价款优惠2%，即客户实际只需支付98%的货款；而对于客户在20天内付款，则对其应付总价款优惠1%，即客户实际只需支付99%

的货款；而20天之后付款则需要支付全部价款。在实务中对于信用销售并同时附有现金折扣条件时，对应收账款入账金额的确定有两种方法，即总价法与净价法。按企业会计制度规定，应收账款应按总价法核算。

在采用总法核算时，企业销售商品、提供劳务而应向购货方收取的款项按照实际成交额入账。客户因在折扣期内付款取得的折扣，销售企业将其确认为当期的财务费用。

例2-11　中东商业有限责任公司2011年7月15日，销售给利达公司一批乙商品，价款500 000元，增值税款85 000元，该项交易附有现金折扣条件：2/10、1/20和n/30，假设现金折扣不考虑税金。

① 中东商业有限责任公司在销售成立时确认应收账款总额为585 000元，根据有关凭证编制会计分录如下。

借：应收账款——利达公司	585 000	
贷：主营业务收入——乙商品		500 000
应缴税费——应缴增值税（销项税额）		85 000

② 如果利达公司于7月24日付款，即10天内付款，则可以享受现金折扣10 000（500 000×2%）元，利达公司应支付575 000元。本公司收款时编制会计分录如下。

借：银行存款	575 000	
财务费用	10 000	
贷：应收账款——利达公司		585 000

③ 如果利达公司在7月30日付款，即超过20天付款，则不能享受现金折扣，利达公司应支付全部价款585 000元。本公司收款时编制会计分录如下。

借：银行存款	585 000	
贷：应收账款——利达公司		585 000

（二）商业折扣的核算

企业在实际工作中，无论是现销还是赊销，为了促销或多销而在销售价格上给予客户一定的优惠，即商业折扣。商业折扣在开发票时即按扣除折扣后的价格开具发票。

例2-12　中东商业有限责任公司2011年7月27日，销售给益康公司丙商品一批，价款1 000 000元，为了促销而在价格上给予八折优惠，增值税率17%，款项尚未收到。

借：应收账款——益康公司	936 000	
贷：主营业务收入——丙商品		800 000
应缴税费——应缴增值税（销项税额）		136 000

四、应收款项减值

（一）应收款项减值损失的确认

企业各项应收款项可能因购货人拒付、破产、死亡等原因而无法收回。这类无法收回的应收款项就是坏账，因坏账而遭受的损失为坏账损失。企业应当在资产负债表中对应收款项的账面价值进行检查，有客观证据表明该应收款项发生减值的，应当将该应收款项的账面价值减记至预计未来现金流量现值，减记的金额确认减值损失，计提坏账准备。确认应收款项减值有两种方法，即直接转销法和备抵法，我国企业会计准则规定采用备抵法确定应收款项的减值。

（二）坏账损失的核算

采用备抵法就是按期估计坏账损失，计入期间费用，同时建立“坏账准备”账户，当坏账实际发生时，冲销“坏账准备”账户。这里重点介绍采用应收账款余额百分比法计提坏账准备。

采用应收账款余额百分比法计提坏账准备是指根据期末应收款项余额和估计的计提比例来计算提取。为了核算从期间费用中提取的坏账准备金，企业应设置“坏账准备”账户。该账户属于资产类账户，是“应收账款”的备抵科目，贷方登记坏账准备金的提取数，借方登记坏账准备金的冲减数，即实际发生的坏账损失，期末余额一般在贷方，反映已经提取尚未冲销的坏账准备金数。

坏账准备可按以下公式计算。

① 当期应提取的坏账准备 = 当期“应收款项”期末余额 × 坏账准备计提比例

（注：“坏账准备”如果没有余额，当期应提取的坏账准备即为实际提取的坏账准备数。）

② 当期实际提取或冲销的坏账准备 = 当期应提取的坏账准备 ±“坏账准备”余额

（注：“坏账准备”如果为贷方余额，就“−”，“坏账准备”如果为借方余额，就“+”；公式的得数如果为正号，即为提取，如果为负号，即为冲销多提坏账准备。）

例 2－13　中东商业有限责任公司从 2008 年开始采用备抵法核算坏账损失。2008 年年末应收款项余额为 1 000 000 元，提取坏账准备的比例为 2%，2009 年发生了坏账损失 5 000 元，2009 年年末应收款项余额为 1 200 000 元，2010 年已冲销的上年应收款项又收回 3 000 元，2010 年年末应收款项余额为 1 100 000 元。根据各年情况编制会计分录如下。

① 2008 年应提取坏账准备 = 1 000 000 × 2% = 20 000（元）

因该公司从 2008 年才开始采用备抵法，则“坏账准备”在 2008 年年末没有余额，所以，2008 年实际提取的坏账准备即为当期应提取的坏账准备数。编制会计分录如下。

借：资产减值损失　　20 000
　　贷：坏账准备　　20 000

② 2009 年核销坏账，编制会计分录如下。

借：坏账准备　　5 000
　　贷：应收账款　　5 000

- 2009 年应提取坏账准备 = 1 200 000 × 2% = 24 000（元）
- 2009 年实际提取或冲销的坏账准备 = 24 000 + 5 000 − 20 000 = 9 000（元）

借：资产减值损失　　9 000
　　贷：坏账准备　　9 000

③ 2010 年，上年已冲销的坏账损失又收回 3 000 元，编制会计分录如下。

借：应收账款　　3 000
　　贷：坏账准备　　3 000

借：银行存款　　3 000
　　贷：应收账款　　3 000

- 2010 年应提取坏账准备 = 1 100 000 × 2% = 22 000（元）
- 2010 年实际应提取或冲销的坏账准备 = 22 000 − 24 000 − 3 000 = −5 000（元）

则表示坏账准备金多提了，应予以冲回，编制会计分录如下。

借：坏账准备　　5 000

　　贷：资产减值损失　　5 000

从上述计算过程可以看出，年末应补提坏账准备还是冲减坏账准备，关键在于年末应收款项余额和估计计提比例计算的正常余额与账面余额是否一致，如果不一致，应调整其账面余额。这种方法，将预计不能收回的应收款项作为坏账损失及时计入期间费用，可以避免企业虚盈实亏，而且在资产负债表上列出应收款项净额，使报表使用者更能了解企业真实的财务状况。

在实际工作中，具体采用哪种方法计提坏账准备金，企业可以自行确定，并且一经确定不得随意变更。

五、应收票据的核算

（一）应收票据的概述

应收票据是指企业在采用商业汇票结算方式下，因销售商品、提供劳务等收到的商业汇票。

商业汇票按其承兑人不同可分为商业承兑汇票和银行承兑汇票。对债权人来说，票据是一种债权证明。

应收票据按票面是否标明利率分为带息票据和不带息票据。

（二）应收票据的核算

为了反映和监督应收票据的取得和收回情况，应设置“应收票据”账户，属于资产类账户，借方登记应收票据的金额，贷方登记到期收回或转让、贴现时的票面金额，余额在借方，反映尚未收回的应收票据的金额。

为了分别反映和监督企业各种不同种类的应收票据的取得和回收情况，应在“应收票据”总科目下，按不同的票据种类分别设明细账，进行明细分类核算。

例 2－14 中东商业有限责任公司 2011 年 7 月 22 日销售给永安公司甲商品一批，价值 100 000 元，增值税率 17%，收到购货方开出的一张为期 3 个月的商业承兑汇票。编制会计分录如下。

借：应收票据——永安公司　　117 000

　　贷：主营业务收入——甲商品　　100 000

　　　　应缴税费——应缴增值税（销项税额）　　17 000

10 月 22 日，上例票据到期，中东商业有限责任公司收到银行的收款通知，编制会计分录如下。

借：银行存款　　117 000

　　贷：应收票据——永安公司　　117 000

如果票据到期时，因购货方无力支付，则编制会计分录如下。

借：应收账款——永安公司　　117 000

　　贷：应收票据——永安公司　　117 000

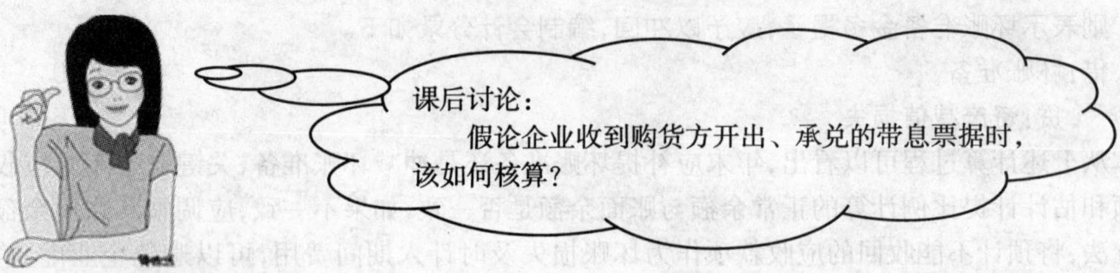

六、预付账款的核算

预付账款是指企业在商品交易中按双方合同的约定预先支付的部分货款。对经常有预付账款业务的企业应设置“预付账款”账户进行核算。该账户属于资产类账户，借方登记按合同约定预付的购货款，贷方登记收到货物后按价款结转的金额。为了反映详细情况，在“预付账款”总账账户下，可按供货单位设置明细账，进行明细核算。

预付款项不多的企业，可以不设置“预付账款”账户，应在“应付账款”账户核算。

例 2－15 中东商业有限责任公司从北宁公司购入商品一批，价款 20 000 元，增值税款 3 400 元。双方约定先预付 60% 的价款，待收货后再补付余下的货款。

① 预付货款时，编制会计分录如下。

借：预付账款——北宁公司　　12 000
　　贷：银行存款　　12 000

② 收到商品并验收入库时，编制会计分录如下。

借：库存商品　　20 000
　　应缴税费——应缴增值税（进项税额）　　3 400
　　贷：预付账款　　12 000
　　　　银行存款　　11 400

任务训练

一、复习思考题

1. 什么是货币资金，都包括哪些内容？
2. 其他货币资金包括哪些内容？
3. 什么是未达账项，有几种情况？
4. 应收及预付款项包括哪些内容？
5. 什么是坏账，如何确定坏账损失？

二、实训操作

1. 货币资金的核算

【目的】练习货币资金的核算。

【要求】根据以上经济业务编制会计分录。

【资料】中东商业有限责任公司发生如下业务。

① 以现金支付采购员丁波差旅费 2 000 元。

② 丁波出差归来报销差旅费 1 850 元，余款交回。

③ 从银行提取现金 1 000 元。

④ 汇往外地开立采购专户 40 000 元。

⑤ 向银行申请签发银行汇票 30 000 元，银行已受理。

⑥ 按规定存入银行 100 000 元，取得银行本票。

⑦ 公司购买商品一批，价款 9 000 元，增值税率 17%，签发转账支票付款。

⑧ 用银行本票 90 000 元支付采购商品款，其中，价款 70 000 元，增值税款 11 900 元，余款收回存入银行。

⑨ 收到购货方兑付的商业承兑汇票款，金额 50 000 元，存入银行。

⑩ 公司签发转账支票一张，金额 60 000 元，支付前欠货款。

2. 银行存款余额调节表的编制

【目的】练习银行存款余额调节表的编制。

【要求】编制银行存款余额调节表。

【资料】中东商业有限责任公司 8 月 31 日银行存款日记账余额为 92 100 元，银行对账单显示本企业银行存款余额为 70 010 元，经逐笔核对查明有以下情况。

① 8 月 29 日，企业送存支票 13 000 元，银行未记账。

② 8 月 30 日，企业委托银行代收润达公司货款 5 000 元，银行已经收到入账，但收款通知尚未送到企业。

③ 8 月 31 日，企业开出转账支票 1 700 元，持票单位尚未到银行办理转账。

④ 8 月 31 日，银行代付电话费 15 790 元，转账通知尚未送到企业。

3. 应收及预付款项的核算

【目的】练习应收及预付款项的核算。

【要求】根据以上经济业务编制会计分录。

【资料】中东商业有限责任公司发生如下业务。

① 销售一批商品，货款为 80 000 元，增值税额为 13 600 元，商品已发出，货款尚未收到。

② 经双方协商，以商业承兑汇票抵付货款，付款期为三个月，收到面值为 93 600 元的票据一张。

③ 企业按订货合同预付给供应单位 50% 的材料款 50 000 元。

④ 企业收到供货单位发来的商品，增值税发票列明价款 100 000 元，增值税额 17 000 元，验收入库，以存款补付货款。

⑤ 中东商业有限责任公司，2006 年末应收款项余额为 2 000 000 元，按 1% 的比例提取坏账准备，企业“坏账准备”账户年末有贷方余额 6 000 元；2007 年发生坏账 9 000 元，2007 年末应收款项余额为 1 500 000 元；2008 年以前年度已转销坏账 5 000 元收回，存入银行，2008 年末应收款项余额为 3 000 000 元。计算企业各年应提的坏账准备，并做相应的账务处理。

项目三

商品存货的进价核算

项目认知

通过本项目的学习，应了解商品存货的概念，掌握商品购进、销售的核算方法，明确商品进价成本的计算和结转时间，掌握用毛利率方法计算已销商品的进价成本。

任务一　商品存货概述

任务目标

通过本任务的学习：

- 了解什么是存货。
- 掌握商品存货的核算方法。

业务认知

一、商品存货的概念和内容

存货是指企业在日常活动中持有已被出售的产成品或商品、处在生产过程中的在产品、在生产过程或提供劳务过程中耗用的材料和物料等。

商品存货是商品流通企业在经营过程中为销售而储存的商品，在存货中占有较大比重，是企业最重要的流动资产。对商品存货的认定,应以企业对存货是否拥有所有权为标准,即所有权属于企业的商品,不论其存放在何处,均应作为企业的商品存货;反之,所有权不属于企业的商品,即使存放在企业仓库,也不应作为企业的商品存货。

二、商品存货核算的基本方法

商品存货核算方法是由商品存货的特点和管理要求决定的。由于商品具有使用价值和价值两重属性,因此,对商品既可进行实物(数量)核算,又可进行价值(金额)核算。实物核算是价值核算的基础,价值核算是实物核算的综合反映。这样,商品存货核算的方法根据管理的要求可分为数量金额核算和金额核算。又由于商品的计价有进价和售价两种标准,商品存货的核算方法又可具体分为数量进价金额核算,数量售价金额核算,售价金额核算和进价金额核算等方法。

(一)数量进价金额核算法

数量进价金额核算法是以实物数量和进价金额两种计量单位,反映商品购、销、存情况的一种核算方法。它适用于经营批发业务、农副产品收购业务和进出口商品业务的商品流通企业。

数量进价金额核算法包括以下主要内容。

① 财会部门设置"库存商品"总账、类目账和明细账。

总账、类目账均按商品的进价金额记账,商品明细账则按每一商品的品名、规格或等级,分户,同时按实物数量和进价金额两种量度记账。

② 业务部门和仓库保管部门也应按商品的品名、规格或等级,分户设置商品调拨账与实物保管账,记载各种商品的收、付和结存数额的变动。

③ 财会部门定期核对"库存商品"的总账、类目账和明细账的进价金额;同时对库存商品明细账的数量与业务部门和保管部门的数量进行核对,并定期对库存商品进行实地盘点,以确保账账、账实相符。

④ 根据商品经营的特点和管理的要求,采用适当方法,随时或定期计算并结转已销商品的进价成本。

(二)数量售价金额核算法

数量售价金额核算法是以实物数量和售价金额两种计量单位反映商品购、销、存情况的一种核算方法。它适用于经营批发业务的基层商品流通企业。这种方法与"数量进价金额核算法"基本相同,仅记账价格不同。

(三)售价金额核算法

售价金额核算法是指库存商品总分类账和明细分类账都只反映商品的售价金额,不反映商品实物数量的一种核算方法。售价金额核算的内容详见项目四。

(四)进价金额核算法

进价金额核算法是建立在实物负责的基础上,对库存商品的总分类账和明细分类账只反映商品的进价金额,不反映实物数量的一种核算方法。它适用于容易腐烂变质、损耗量大、在数量上不易掌握的鲜活商品的核算。

以上介绍的商品存货的核算方法是商品流通企业库存商品的核算方法。由于商品流通企业类型较多,它们的规模大小不同,经营方式、经营品种、购销对象也不同,企业应根据各自的特点和经营管理的需要,对库存商品选择适当的核算方法。

任务二　商品购进的核算

任务目标

通过本任务的学习：

- 了解什么是商品购进。
- 明确商品购进的入账时间。
- 掌握商品购进的核算方法。

业务认知

商品购进是指商品流通企业为了出售或加工后出售,通过货币结算方式取得商品或商品所有权的交易行为。商品购进是商品流通的起点,它为企业经营活动提供了物质条件。商品购进包括采购商品、验收商品和结算货款等过程。

商品购进的入账时间是这样的,同城商品购进业务已支付货款取得商品作为商品购进的入账时间,异地商品购进业务采用托收凭证结算的,支付货款取得商品所有权或未支付货款商品已验收入库作为商品购进的入账时间。

商品购进的商品交接方式主要有提货制、送货制和发货制 3 种。

提货制(或称取货制)是指购货单位到供货单位仓库或指定地点提取商品的一种交接货方式。采用这种方式时,提运商品所发生的费用和商品运输途中的损耗等,一般归购货单位负担。这种交接方式主要适用于同城商品交易。

送货制是指供货单位将商品送到购货单位仓库或指定地点的一种交接货方式。采用这种方式时,商品在送达购货单位以前发生的费用,以及商品的损耗和损失等,一般归供货单位负担。这种交接方式主要适用于异地的农副产品交易。

发货制是指供货单位按合同规定的商品品种、规格、数量、交货期等条件,将商品委托运输单位发运给购货单位的一种交接货方式。采用这种方式时,在交货以前发生的费用,通常由供货单位垫付,结算货款时则由购货单位负担。这种交接方式主要适用于异地的工业品交易。

商品流通企业的商品购进,根据进货地点不同,可分为国内商品购进和国外商品购进两种,国内商品购进又分为同城商品购进和异地商品购进,无论国内商品购进或国外商品购进,企业都要认真做好与供货单位交接商品和货款结算的工作。本项目主要介绍国内商品购进的核算。

商品流通企业在采购商品过程中,发生的运输费、装卸费、保险费以及其他可归属于存货采购成本的费用等进货费用,应当计入存货采购成本,也可以先进行归集,期末根据所购商品的存销情况进行分摊。对于已售商品的进货费用,计入当期损益;对于未售商品的进货费用,计入期末存货成本。企业采购商品的进货费用金额较小的,可以在发生时直接计入当期损益。

一、商品购进的主要账户

(一)"在途物质"是资产类账户

它是用来核算企业购入商品的采购成本。购入商品支付货款时记借方,商品到达验收入库时记贷方,余额一般在借方,反映企业在途商品的采购成本。该账户应按供货单位和品名分户设置明细账。

(二)"库存商品"是资产类账户

它是用来核算企业全部自有的库存商品的增减变动和结存情况。商品点验入库、溢余、加工商品收回等数额记借方,商品销售、损耗、加工付出等数额记贷方,借方余额表示库存商品的结存数额。该账户应按商品类别和品名分户设置明细账。

二、同城商品购进的核算

同城商品购进是指企业向同城的经营批发业务的商品流通企业或向生产企业收购当地产品。在商品交接方式上,一般采用送货制或提货制,在货款结算上,一般采用支票结算方式。

例 3-1 中东商业有限责任公司从本地青凤公司购进甲商品 1 000 件,每件 9 元,计 9 000元,增值税款 1 530 元,共计 10 530 元,签发转账支票一张,商品入库。

① 财会部门根据供货单位增值税专用发货票、转账支票存根,经审核无误后,编制会计分录如下。

借:在途物资——青凤公司 9 000
  应交税费——应交增值税(进项税额) 1 530
  贷:银行存款 10 530

② 根据仓库转来的"收货单",编制会计分录如下。

借:库存商品——甲商品 9 000
  贷:在途物资——青凤公司 9 000

三、异地商品购进的核算

异地商品购进是指企业向外地的生产单位收购产品或向外地批发企业组织进货。在商品交接方式上一般采用"发货制"或"提货制",在货款结算上一般采用"银行汇票"、"商业汇票"、"托收凭证"结算方式。

异地商品购进在采用发货制和托收凭证结算方式时,供货单位发出的商品由运输部门运送,而托收货款的结算凭证由银行邮寄,因而收到商品和托收凭证的时间,就可能有先有后,也有同时到达的。所以，异地进货就会出现3种不同的情况：①托收凭证先到，商品后到；②商品先到，托收凭证后到；③商品和托收凭证同时到达。

例3－2　中东商业有限责任公司向外地某批发企业购进童装500套，每套30元，计15 000元，增值税款2 550元，某批发企业代垫运杂费1 200元，共计18 750元。采用托收承付结算方式结算货款。

（一）托收凭证先到，商品后到的核算

在这种情况下，当购货单位接到银行转来的托收凭证时，只要与合同核对相符，虽然商品尚未到达，也应在规定的承付期内承付货款，说明商品所有权已属购货单位，只是商品尚在运输途中。

① 接到银行转来的托收凭证，增值税专用发票、代垫运杂费单据，审核无误付款时，编制会计分录如下。

借：在途物资——某批发企业　　16 200
　　应交税费——应交增值税（进项税额）　　2 550
　　贷：银行存款　　18 750

② 商品到达，仓库验收入库，根据仓库转来的收货单，审核无误后，编制会计分录如下。

借：库存商品——童装　　16 200
　　贷：在途物资——某批发企业　　16 200

（二）商品先到，托收凭证后到的核算

在这种情况下，经查对运到的商品确系购货单位订购，商品即可点验入库，但因托收凭证未到，货款尚未支付，故平日先不作账务处理，如果月末货款仍未支付，则应按供货单位发货单随货联上记载的实际价款或暂估价值入账，借记“库存商品”账户，贷记“应付账款”账户，下月初用红字冲回，以便下月付款后按正常程序入账。

① 月末根据收货单估价入账时，编制会计分录如下。

借：库存商品——童装　　16 200
　　贷：应付账款——某批发企业　　16 200

下月初冲回时

借：应付账款——某批发企业　　16 200
　　贷：库存商品——童装　　16 200

② 收到银行转来某批发企业托收凭证，审核无误承付货款时，编制会计分录如下。

借：在途物资—某批发企业　　16 200
　　应交税费——应交增值税（进项税额）　　2 550
　　贷：银行存款　　18 750

同时

借：库存商品——童装　　16 200
　　贷：在途物资——某批发企业　　16 200

（三）商品和托收凭证同时到达的核算

在这种情况下，由于商品验收入库与承付货款同时发生，其核算方法与同城核算方法相同。

任务三 商品销售的核算

任务目标

通过本任务的学习：

- 了解什么是商品销售。
- 明确商品销售账户的设置。
- 掌握商品销售的核算方法。

业务认知

商品销售是指企业通过现金或转账结算方式，向境内经营批发或零售业务的商品流通企业、个体商贩、生产企业和国外进口商出售商品，以供其转卖或生产消费的一种交易活动。

商品销售在会计核算上，凡是售出商品已收到货款或发出商品已取得收取货款权利的都作为商品销售入账。企业在销售业务中，按照市场需要，采用合理、灵活的经营方式和销售策略，进行优质服务，以扩大商品销售，提高企业的经济效益。商品销售按照不同的销售对象，可分为国内商品销售和国外商品销售。本项目主要介绍国内商品销售。

国内商品销售是指经营批发业务的商品流通企业对境内的国有、集体、个体的商品流通批发零售企业或生产企业的商品销售。

一、商品销售账户设置

（一）"主营业务收入"是损益类账户

它是用来核算企业商品的销售收入和接受其他单位委托代销商品的收入。发出商品取得货款或获得收取货款的权利时记贷方，发生销货退回等冲减销售收入的数额和结转"本年利润"账户时记借方，月末结转后一般无余额。该账户应按商品类别分户或品种设置明细分类账，进行明细分类核算。

（二）"主营业务成本"是损益类账户

它是用来核算企业商品的销售成本。结转商品销售成本记借方，结转"本年利润"账户时记贷方，月末结转后一般无余额。其明细分类核算同"商品销售收入"账户。

二、同城商品销售的核算

同城商品销售是指经营批发业务的商品流通企业对同一城镇的企业单位的商品供应。在商品交接方式上一般采用提货制或送货制，在货款结算上，一般采用支票或现金结算方式。

同城商品销售的一般业务程序是，在采用提货制方式下，购货单位采购员选好商品后，业务部门填制增值税专用发票或普通发票，除留下存根联备查外，其余各联由购货单位采购员交财会部门办理货款结算手续。

财会部门审核后,收下购货单位的付款凭证,在发票各联上加盖“货款收讫”戳记、出纳员私章,除留记账联、统计联外,其余各联交购货单位向仓库办理提货,仓库发货后留下提货联登记商品保管账,发票联、随货联和税款扣抵联交购货单位作为进货凭证。如果采用送货制,则由企业将商品送交购货单位,购货单位验收后结算价款。

例 3－3 中东商业有限责任公司销售给本市万利商场皮鞋1 000双,每双50元,计50 000元,增值税款8 500元,共计58 500元,收到转账支票结清价税款,编制会计分录如下。

借:银行存款	58 500	
贷:主营业务收入		50 000
应交税费——应交增值税(销项税额)		8 500

同时,结转该批商品的销售成本45 000元,编制会计分录如下。

借:主营业务成本	45 000	
贷:库存商品——皮鞋		45 000

对于批发商品销售成本的结转既可以逐笔结转,也可以定期(每旬、每月)结转。在实际工作中,一般都在月末采用一定的方法汇总计算后一次结转,本任务以下所举例题,除必需外,结转商品销售成本分录从略。结转的具体方法将在任务五中论述。

三、异地商品销售的核算

异地商品销售是指经营批发业务的商品流通企业,对不在同一城镇的各企业单位的商品供应。在商品交接方式上,一般采用提货制或发货制。货款结算则主要采用“托收承付”、“银行汇票”、“委托收款”等结算方式。

异地商品销售的一般业务程序是这样的,如果采用发货制,企业按合同规定交货时间向外地购货单位发货时,先由业务部门填制增值税专用发票或普通发票,除留存根联备查外,其余各联交储运部门,据以向仓库提货和向运输部门办理商品托运手续,仓库留下提货联登记商品保管账,将随货联连同装箱单等凭证交运输部门随货同行,将发票联连同运单(副本)交财会部门审核无误后,填制“托收承付结算凭证”,向银行办理托收,取回“托收凭证”回单联。如果采用提货制,除企业根据购货单位提供的自提自运证明向银行办理托收外,其业务程序与同城商品销售相同。

企业向购货单位托收货款及代垫的运杂费从托收到款项划回入账,需要一定的时间,为了加强结算资金的管理,应通过“应收账款”账户进行核算。

例 3－4 中东商业有限责任公司向某市百货批发公司销售羊绒衫1 000件,单价500元,计500 000元,增值税款款85 000元,共计585 000元,并以存款代垫运杂费4 000元,当日办妥“托收承付结算”手续,编制会计分录如下。

① 当日办妥托收手续时

借:应收账款——某市百货批发	589 000	
贷:主营业务收入		500 000
应交税费——应交增值税(销项税额)		85 000
银行存款		4 000

② 收到"托收凭证"收账通知时

借:银行存款　　　　　　　　　　　　　　　　　　　　589 000

　贷:应收账款——某市百货批发　　　　　　　　　　　　　589 000

任务四　商品储存的核算

任务目标

通过本任务的学习:

- 了解什么是商品储存。
- 明确库存商品明细账的设置方法。

业务认知

商品储存是商品购进和商品销售之间的中间环节,是商品流转的一个重要组成部分,是保证商品流通正常进行的物质基础,也是商品流通顺利进行的必要条件。企业为了满足市场需要,及时组织商品供应,必须有一定数量的商品储存。

为了加强对商品储存的核算和管理,财会部门必须与业务和仓储部门密切配合,做到库存结构合理,收发制度严密,定期进行盘点清查,以达到账账、账实相符,商品保管完好的目的。

一、库存商品的明细分类核算

实行数量金额核算的商品流通企业其库存商品的明细分类核算,在明细账中既要反映数量,也要反映进价金额,为正确计算商品销售进价,确定商品销售成果提供依据。

批发商品流通企业经营商品品种、规格繁多,收付业务频繁,必须适应业务经营的需要,合理组织库存商品的明细分类核算。

(一) 库存商品明细账的分户

1. 按商品的编号、品名、规格分设明细账户,即一品一户

采用这种方法时,只要同一编号、品名、规格的商品,不论其进货批次,进价是否相同,都在同

一分户账页上连续登记。它的优点是同一编号、品名、规格商品的收、付、存的情况能得到连续的、完整的反映。

2. 按商品的编号、品名、规格,结合进货批次分设明细账户,即一批一户

采用这种方法时,应分别为每一批次的商品开设明细账户,再按该批商品的编号、品名、规格、数量、单价和金额进行核算。它适用于整批进、整批出或整批进、分批出,以及按批次保管的商品。它的优点是,按商品的批次和编号、品种、规格对库存商品进行双重反映,能更严密地监督商品的安全。同时,由于是批进、批出,可以按照批次进货价格计算销售商品的进价成本。

3. 按商品的编号、品名、规格,结合同一进货单价分设明细账户,即一价一户

采用这种方法时,即按编号、品名、规格相同,进货单价也相同的商品开设明细账进行明细核算。但对同一编号、品名、规格而进货单价不同的商品就要分别开设明细账户。它的优点是每一账页上商品进货单价相同,结转销售商品进价无需重新计算,简化结转成本手续。

(二)库存商品明细账的登记

库存商品明细账是根据记账凭证或记账凭证的附件——原始凭证逐笔登记的,其登记方法如下所列。

① 商品购进数量记人借方的"购进数量"栏,并将购进单价和金额记入"单价"和"金额"栏。

② 在采用集中结转商品销售进价的情况下,为了及时反映库存商品的数量,商品销售时在贷方"销售数量"栏登记销售数量,未结转销售成本的销货退回、购货方拒收商品,用红字冲销贷方销售数量。

③ 不属购进和销售的其他数量的增减,例如,加工商品收回、已结转销售成本的销货退回、购货方拒收商品、商品溢余、加工商品付出和商品损耗等,分别记人借方或贷方的"其他数量"栏,单价一般可用上月结存单价,计算出金额,相应记入"单价"和"金额"栏内。

④ 随时计算结存数量。

⑤ 按不同的存货地点分别记载。

(三)设置库存商品明细账的原则

批发商品流通企业的业务、仓库和财会部门都需要直接掌握商品核算的明细资料,例如,财会部门掌握商品资金的动态和计算商品销售成本;业务部门要随时掌握可供销售的库存量和了解商品的供应能力,以便及时组织货源,保证供应;仓库则需要掌握实际储存数量和存放地点,以便加强商品管理,保护商品安全。如果企业各职能部门都设置一套商品明细账,由于经营品种繁多,进出频繁,就会出现重复劳动,浪费人力和时间,影响工作效率的提高。

在实际工作中,经营批发业务的商品流通企业有的实行"两账合一",即财会部门与业务部门将商品数量金额明细账合并为一套,设在业务部门,仓库另设保管账,只登记商品的数量,不记金额。有些基层批发企业,前店后仓,批仓合一,在商品保管上建立健全了分区存放,分类堆码,整零分存,对号入座的保管制度;在商品陈列上实行了"按账编号,按号陈列,按货建卡的账、货、卡一条龙"等方法。在这个基础上,本着账不重设的原则,实行"三账合一"。由财会人员、业务人员、保管人员分工合作,共管共用。业务人员在开票时记载商品明细账;财会人员办好货物的结算、对账,并逐笔核对;保管人员定期检查库存,保证账实相符。

总之,库存商品明细账的设置要适应企业组织机构的设置情况和经营管理的要求,做到账不重设,一账多用,但也要注意不应因强调简化而减少必要的账簿设置。

库存商品明细账的格式,如表 3.1 所示。

表 3.1 库存商品明细账

（加权平均法）

品名：文具盒　　　　单位：个

2011 年		凭证号码	摘 要	借 方				贷 方				余 额		
月	日			购进数量	其他数量	单价	金额	销售数量	其他数量	单价	金额	数量	平均单价	金额
6	1											300	5.20	1560
	3	1	购进	500		5.30	2650					800		
	5	2	销售					500				300		
	8	4	购进	600		5.10	3060					900		
	9	8	销售					400				500		
	10	9	退出						200	5.20	1040	300	5.19	1557

二、库存商品按商品大类的核算

企业为了加强库存商品管理，除了要进行总分类、明细分类核算外，还要按类别或主要商品进行商品大类核算，以反映库存商品的大类和主要商品的经营情况和销售成果。

企业实行商品分类核算时，就要在总账与明细账之间，再按商品类别或主要商品品名设置库存商品类目账。这样，“库存商品”总账为一级账、类目账为二级账，明细账为三级账。

库存商品类目账可以只核算金额，采用借、贷、余三栏式账页，既核算数量又核算进行金额，采用数量金额式明细账对库存商品明细账进行数量和金额双重控制，这对保证账账相符，有积极促进作用。

在实行商品分类核算时，为了加强对分类商品的资金管理，考核分类商品的销售成果，还可以将分类商品的“商品销售收入”、“商品销售成本”与库存商品分类结合在一起，设置在同一账页上。一方面加强了对明细账的控制，便于检查分类商品的进、销、存情况，更重要的是可以直接分类核算商品的毛利，从而为加强经济核算，提高经济效益提供条件。

库存商品类目账的格式，如表 3.2 所示。

表 3.2 库存商品类目账

类别：文具　　　　单位：个

年		凭证号码	摘 要	借 方				贷 方							余 额		
月	日			购进数量	其他数量	单价	金额	销售数量	销售收入	销售成本	毛利	毛利率（%）	其他数量	金额	结存数量	平均单价	金额

任务五　商品销售进价成本的计算和结转

注意！这个问题很重要！一定要认真学哟！

任务目标

通过本任务的学习：

- 了解什么是商品销售进价成本。
- 明确商品销售进价成本的结转时间和结转方式。
- 掌握商品销售进价成本的结转方法。

业务认知

商品流通企业将商品销售以后，既要及时反映商品的销售收入，也要按时计算商品销售成本，以便据以计算商品销售成果。正确计算和结转商品销售成本是一项十分重要的工作，商品销售成本的计算正确与否，不仅影响当期的经营损益，而且也影响期末商品存货价值的真实性。

一、商品销售成本结转的方法

（一）商品销售成本的结转时间

经营批发、进出口和农副产品收购业务的商品流通企业，商品销售成本的结转时间有逐笔结转和定期结转两种。

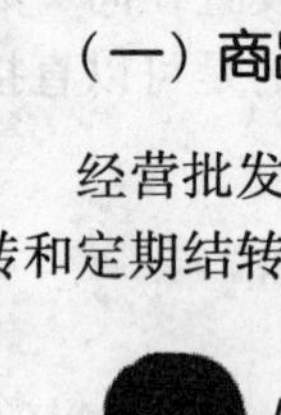

注意：

逐笔结转就是在商品销售时，一边反映商品销售收入，一边结转商品销售进价成本，即随销售随结转成本。这种方法能使“库存商品”账户反映真实情况，但平时工作量大。

定期结转是指将商品销售进价成本按日或按月计算集中结转，其中按月结转较为普遍。这种方法能减轻平时核算工作量，但月末工作繁重，平时“库存商品”反映不真实。

（二）商品销售成本的结转方式

商品销售成本的结转方式有分散结转和集中结转两种。

分散结转是在库存商品明细账上，用确定的进价乘以当月销售数量，求得每一种商品的销售进价，并在每一账户的贷方金额栏中登记，然后逐户加总，求得某类或全部商品销售进价总额后，在类目账或总账上结转成本。

集中结转是在库存商品明细账上,用确定的进价,只计算出每种商品的期末结存金额,不计算每种商品的销售成本,把各户结存商品金额加总或按大类商品结存金额,然后根据总账或类目账的资料倒挤出已销售商品的成本。

除了计算和结转商品销售成本外,非商品销售发出商品,例如,加工商品付出、商品短缺等的成本也需要计算和结转,结转时间是随发生随结转。

商品流通企业计算出商品销售成本后,即可编制会计分录如下。

借:主营业务成本——某大类商品

　贷:库存商品——某大类商品

二、商品销售进价的计算

实行数量进价金额核算的商品流通企业,商品销售进价的计算方法有个别计价法、加权平均法、移动加权平均法、先进先出法和毛利率法5种。现将各种计算方法说明如下。

(一)个别计价法

个别计价法实际上就是分批实际进价法,是以每一批次商品的实际进价作为计算该批次销售商品进价成本的依据。它是一种以商品购销能分清批次为依据的成本计算方法。在整批购进分批销售时,就以该批次商品的实际进价乘以销售数量,求得商品销售进价成本。其计算公式如下。

$$每批商品销售进价成本=每批商品销售数量\times每批商品实际购进单价$$

采用个别计价法,要按每一进货批次分品种设置库存商品明细账;在商品保管上应分进货批次存放,按指定的批次发货;商品销售开单时,在发货单上要注明批次和实际进价。

采用个别计价法,可随时结转商品销售成本,计算的商品销售成本和库存商品价值比较合理、准确,它适用于某些价值较高、数量较少及进销能分清批次的整批进整批出和整批进分批出的商品。

(二)加权平均法

加权平均法又称定期综合加权平均法,是以一个计算期为范围,以每种商品的数量和金额,求出加权平均单价,再乘以每种商品的结存数量和销售数量,计算期末库存商品价值和本期商品销售进价成本的一种方法。

加权平均法能比较均衡地计算商品销售成本和期末库存商品结存金额,但是,这种方法平时无法从账上提供发出和结存存货的单价及金额,不利于加强对库存商品的管理。

(三)移动加权平均法

移动加权平均法是指当购进商品的新单价与结存商品的加权平均单价不同时,即须另行计算一次新的加权平均单价,然后再根据新的加权平均单价计算商品销售成本的一种方法。

移动加权平均法可随时结转销售成本,便于及时掌握商品销售成果,但平时核算工作量较大,只适用于品种较少而前后进价相差幅度较大的商品。

(四)先进先出法

先进先出法是一种以商品购销先进先出为依据的成本计算方法。它是以先购进的商品先销售为原则，计算商品销售成本。

采用先进先出法，期末库存商品比较接近现行的市场价值，但工作量大，只适用品种较少，商品进出不太频繁的企业。

（五）毛利率计算法

毛利率计算法是以本月的商品销售额，按上季实际毛利率，匡算本月商品销售毛利，再据以计算本月商品销售成本的一种方法。它是以企业各期毛利率相对稳定或基本相同的假设为前提，根据上季毛利率来计算本期销售商品成本和库存商品价值的方法。计算公式如下。

本期商品销售成本 = 本期商品销售额 ×（1 − 上季毛利率）

例 3-5 中东商业有限责任公司 2011 年 4 月销售甲类商品的销售额为 800 000 元，5 月份销售额为 1 000 000 元，第一季度毛利率为 10%，分别计算 4、5 月份商品销售成本。

4 月份商品销售成本 = 800 000 ×（1 − 10%）= 720 000

5 月份商品销售成本 = 1 000 000 ×（1 − 10%）= 900 000

与以上几种计算方法相比，毛利率计算法不是按每种商品计算销售商品成本，而是按全部或大类商品来计算的，所以它是一种简化的成本计算方法。但是全部（或大类）商品的综合毛利率，受影响的因素较多，计算结果往往不够准确。因此，在季度的第一、二两个月使用毛利率法，季末应采用前述 4 种方法中的一种进行调整，以弥补这种方法的不足。

以上几种商品销售成本计算方法各有其特点和适用范围，实际采用时也各有利弊，因此必须结合企业的商品经营情况，选用合理的方法，但一经确定采用其中一种方法后，在一个年度内不要再作变动，以保持计算口径的一致性。

任务训练

一、复习思考题

1. 商品存货采用什么方法核算？
2. 什么是同城购进，涉及哪些科目？
3. 什么是异地购进，涉及哪些科目？
4. 什么是同城销售，涉及哪些科目？
5. 什么是异地商品销售，涉及哪些科目？
6. 采用数量进价金额核算商品明细账的设置及登记方法包括哪些？
7. 商品销售成本的计算和结转的方法包括哪些？

二、实训操作

1. 同城商品购进、异地商品购进的核算。

【目的】练习同城商品购进、异地商品购进的核算。

【要求】根据资料编制会计分录。

【资料】某企业 2011 年 5 月发生下列经济业务。

① 3 日，向本地某鞋厂购进胶鞋 1 000 双，单价 10 元，增值税发票计列价款 10 000 元，增值税款 1 700 元。商品验收入库，款项以转账支票付讫。

② 4 日，向外地某针织厂购进男棉毛衫 4 000 件，单价 10 元，该厂开来增值税发货票，计列价款 40 000 元，增值税款 6 800 元，代垫运费 150 元，共计 46 950 元，银行转来该厂托收凭证，审核无误后承付货款。

③ 6 日，银行转来某洗衣机厂托收凭证及增值税专用发票，计列威力牌单缸洗衣机 200 台，单价 180 元，计列价款 36 000 元，增值税款 6 120 元，代垫运费 200 元，共计 42 320 元。审核无误，当即承付，但商品尚未运到。

④ 12 日，仓库送来收货单，6 日承付货款的某洗衣机厂威力牌洗衣机 200 台验收入库。

⑤ 14 日，仓库送来收货单，4 日承付货款的某针织厂男棉毛衫 4 000 件已验收入库。

⑥ 20 日，向外地某厂购进男胶鞋 1 000 双，单价 10 元，计 10 000 元，已验收入库，但托收凭证未到尚未付款。

⑦ 22 日，银行转来外地某厂托收承付结算凭证及增值税发票，计列男胶鞋 1 000 双，单价 10 元，计 10 000 元，增值税款 1 700 元，代垫运费 1 200 元，共计 12 900 元，经查商品已验收入库，审核无误，同意承付。

⑧ 30 日，仓库送来收货单，向外地某针织厂购进的男棉毛衫 1 000 件已验收入库，经查托收凭证未到，货款未付，月终暂按每件 10 元估价入账。下月初冲销。

2. 商品销售的核算

【目的】练习商品销售的核算。

【要求】根据资料编制会计分录。

【资料】某企业 2011 年 11 月发生下列经济业务。

① 2 日，销售给本地某商业大厦男西服 200 套，单价 200 元，开出增值税专用发票，计列价款 40 000 元，增值税款 6 800 元，共计 46 800 元，收到转账支票存入银行。

② 3 日，销售给外地某县百货公司男西服 100 套，单价 200 元，开出增值税专用发票，计列价款 20 000 元，增值税款 3 400 元，共计 23 400 元，商品由购货单位自提，填制托收凭证办妥托收，取回回单联。

③ 5 日，销售给本市某百货大楼双嘉牌压力锅 1 000 个，单价 80 元，开出增值税发票，计列价款 80 000 元，增值税款 13 600 元，共计 93 600 元，收到转账支票存入银行。

④ 6 日，销售给本市某零售商店男皮鞋 500 双，单价 60 元，开出增值税发票，计列价款 30 000 元，增值税款 5 100 元，共计 35 100 元，收到转账支票存入银行。

⑤ 8 日，销售外地某百货批发女西服 300 套，单价 150 元，开出增值税专用发票，计列价款 45 000元，增值税款 7 650 元，代垫运费 200 元，共计 52 850 元，填制托收凭证办妥托收，取回回单联。

⑥ 13 日，银行转来托收凭证收账通知，3 日向某县百货公司托收款 23 400 元，8 日向某百货批发托收款 52 850 元，已如数收回。

3. 商品销售成本的计算

中东商业有限责任公司 2011 年 7 月销售甲类商品的销售额为 900 000 元，8 月份销售额为 1 200 000元，第一季度毛利率为 12%，分别计算 7、8 月份商品销售成本。

项目四

商品存货的售价核算

项目认知

通过本项目的学习，应明确商品存货售价核算的概念，掌握零售商品购进和销售的核算方法，了解已销商品进销差价的计算和结转时间，掌握综合差价率和分柜组差价率计算法。

任务一　商品存货售价核算概述

任务目标

通过本任务的学习：

- 了解什么是商品存货售价核算。
- 明确商品存货售价核算的内容。
- 明确商品存货售价核算方法的优缺点。

业务认知

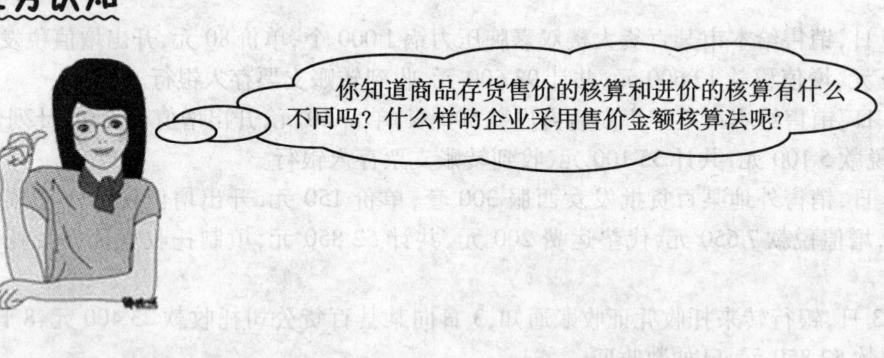

一、售价核算的特点

商品存货售价核算是指按照售价金额核算企业库存商品的增减变动和结存状况的一种方法。这种方法又称“售价核算－实物负责制”，一般适用于零售企业。零售企业与批发企业在业务经营和管理上具有自己的特点，主要有以下几个方面。

① 商品销售对象主要是消费者，包括广大城乡居民消费者和集团消费者，交易活动是在营业员与消费者之间直接、单独、分散进行的，交易数量零星，次数频繁。

② 收款方式一般都是现金交易，一手钱一手货，除贵重商品和集体购买者外，一般不需填制

销货凭证。

③ 经营商品范围广泛。品种规格繁多,并且绝大多数商品是陈列在营业现场的。因此,对商品要求尽可能保持最低限度的库存量,还要坚持勤进快销原则,合理使用流动资金,加速流动资金周转,企业对库存商品的购、销、保管均分别由实物负责人完成,并承担经济责任。

④ 企业在交易过程中和交易结束以后,还要向消费者提供相应的服务性劳动,例如,送货上门,允许挑选和调换,并开展以卖带修,商品信用卡等售后服务,在改革过程中,有的还开展一业为主、多种经营,拓宽经营服务渠道,更好地为广大消费者服务。

⑤ 不具备按商品的品名、规格、等级设置库存商品明细账的条件,难以做到既控制商品的数量,又控制商品的金额。

由于上述特点,为了适应零售企业商品的经营业务,充分发挥营业部门的作用,简化记账工作,一般采用售价核算。

二、售价核算的基本内容

(一) 建立实物负责制

根据零售企业的特点,在业务经营上,按照经营商品品种和存放地点,划分为若干实物负责小组。实物负责制就是指实物负责小组对其经营的全部商品承担经济责任。在实物负责小组内,要建立岗位责任制,明确每个成员的职责分工,对商品的进、销、存和商品的削价、溢缺等都有专人负责。这是实行售价核算的基础。

(二) 库存商品按售价记账

财会部门对库存商品的总分类核算和明细分类核算都以售价记账。明细分类账按实物负责小组(或实物负责人)分户设置,以商品的售价金额控制实物小组所经营商品的增减变动和结存情况。

(三) 设置"商品进销差价"账户

由于库存商品按售价记账,在商品购进时,"库存商品"账户反映的是商品售价,而支付货款却是按进价结算的。为了掌握库存商品的实际进价,需要设置"商品进销差价"账户,以反映商品进价与售价之间的差额,并对库存商品的售价金额进行调整。

(四) 加强商品的盘点

实行售价金额核算的企业,由于库存商品明细账只反映和控制库存商品的售价指标,不反映数量和进价金额指标。因此,每月必须进行一次盘点,以确定各实物负责人经营的库存商品实有额,及时发现溢缺,查明原因,进行处理,以达到账实相符,保持企业财产的安全和完整。如果实物负责人变动或商品调价、削价,也应及时盘点,以分清责任。

三、售价金额核算的优缺点

零售商品流通企业实行售价核算的优点是:首先,在商品管理上,建立了实物负责制,库存商品按实物负责人设户进行核算,既确定了实物负责人的物资责任,又简化了账簿设置和记账工作。其次，在会计核算上实行售价核算，简化了核算手续，使会计人员能够深入实际，调查研究，加强分析，不断提高核算质量和有利于改善经营管理。

售价核算方法的缺点是商品核算在账面上不能提供库存商品购、销、存的数量指标，发生账实不符，差款错货时，较难查清其性质和原因，因此，还需在实践中，深入实际，调查研究，不断改进，以提高售价核算的质量。

任务二 零售商品购进的核算

任务目标

通过本任务的学习：

- 了解什么是零售商品购进。
- 明确商品零售购进账户的设置。
- 掌握零售商品购进的核算方法。

业务认知

一、零售商品购进的核算

由于零售企业采用售价核算，购进的商品是以售价记账，库存商品账户反映的是售价金额，因此，除设置“在途物质”、“库存商品”两个账户外，还需设置“商品进销差价”账户。

“商品进销差价”是资产类账户，也是“库存商品”的调整账户，是用来核算企业采用售价核算的商品售价与进价和增值税之间的差额。贷方登记企业购进商品、加工收回商品、销货退回的商品验收入库以及发生商品溢余时，售价与进价的差额；借方登记商品加工付出、出租转出以及发生损失时，售价与进价的差额，此外，借方还登记月末分摊已销商品进销差价。该账户余额一般在贷方，反映期末库存商品应负担的进销差价。所以“库存商品”账户的期末余额减去“商品进销差价”账户的余额，就是期末库存商品的进价金额。

注意：商品进销差价很重要哟！

二、零售商品购进的一般业务程序

零售商品的购进过程是货币资金转化为商品存货的过程。正确合理地组织好商品购进是零售业务经营的一个重要环节。购进质优价廉、适销对路的商品能够促进零售商品的勤进快销，加速商品资金的周转，提高企业经济效益。相反，如果盲目进货，购进货次价高、货不对路的商品，就会造成商品积压，流动资产中存货结构不合理，挤占流动资金，影响企业资金的周转，以致造成企业经济效益下降，甚至出现企业亏损的局面。因此，企业可根据市场的需要，本着勤进快销的经营方针，有计划地从当地批发企业和生产企业购进商品，或从外地采购商品。

零售商品流通企业从本地进货商品交接方式，一般采用提货制或送货制，货款结算多采用支票结算方式；外地进货商品交接方式多采用发货制和提货制，货款结算多采用托收凭证和银行汇票等结算方式。

商品购进时，实物负责人必须对购进的商品根据供货单位的发货票所列品种、规格、数量和单价进行验收、清点细数、检验质量。进行验收后，由验收人员填制“商品验收单”，即“收货单”一式数联，其中一联连同“发货单”送财会部门据以审核入账。

（一）同城商品购进的核算

同城商品购进时，商品交接方式多采用送货制和提货制，货款结算多采用支票结算方式，由于收到商品与贷款结算多在同一天内完成，商品验收入库后，财会部门根据商品验收单、供货方发货单和支票存根作商品购进入账。

例 4－1　中东商业有限责任公司零售商场由本市五金交电公司购进彩虹牌彩色电视机 10 台，每台进价 2 200 元，计 22 000 元，增值税款 3 740 元，零售价每台 3 000 元，货款及增值税一并签发转账支票付讫，商品由家电组验收，财会部门根据商品验收单、增值税专用发票和支票存根，经审核无误，编制会计分录如下。

借：在途物资——五金交电公司	22 000	
应交税费——应交增值税（进项税额）	3 740	
贷：银行存款		25 740

同时

借：库存商品——家电组	30 000	
贷：在途物资		22 000
商品进销差价		8 000

（二）异地商品购进的核算

零售商品流通企业从外地购进商品多采用发货制，或由企业派出采购员前往选购，并采用提货制，货款结算多采用托收凭证和银行汇票结算方式。异地商品购进，采用托收凭证结算方式，与批发商品流通企业商品购进一样，也会出现凭证与商品到达时间有先有后的情况，其核算方法与批发商品流转异地商品购进基本相同，只是商品运到并验收入库时，“库存商品”账户按售价入账。

例 4－2　中东商业有限责任公司零售商场向外地家电公司购进录放机 100 台，每台进价 200 元，计 20 000 元，增值税款 3 400 元，供货方代垫运费 500 元，货款采用托收凭证结算方式，每台售价 280 元，根据商品与凭证到达先后的情况，分别按以下情况进行核算。

1. 凭证先到，商品后到（先付款后收货）

① 根据银行转来的托收凭证等单据，经审核无误，承付货款，编制会计分录如下。

借：在途物资——某交电公司	20 500	
应交税费——应交增值税（进项税额）	3 400	
贷：银行存款		23 900

② 商品到达，经家电组验收后，根据商品验收单等凭证，编制会计分录如下。

借：库存商品——家电组　　28 000

　　贷：在途物资——某交电公司　　20 500

　　　　商品进销差价——家电组　　7 500

2. 商品先到，凭证后到（先收货后付款）

① 收到商品验收入库，凭证未到不做处理。月末凭证仍未到达暂估进价 20 500 元，售价 28 000元入账时，编制会计分录如下。

借：库存商品　　28 000

　　贷：应付账款　　20 500

　　　　商品进销差价　　7 500

下月初冲回

借：应付账款　　20 500

　　商品进销差价　　7 500

　　贷：库存商品　　28 000

② 凭证到达承付货款时，编制会计分录如下。

借：在途物资——某交电公司　　20 500

　　应交税费——应交增值税（进项税额）　　3 400

　　贷：银行存款　　23 900

同时

借：库存商品——家电组　　28 000

　　贷：在途物资——某交电公司　　20 500

　　　　商品进销差价——家电组　　7 500

3. 凭证与商品同时到达

凭证与商品同时到达，即支付货款和收到商品同一天完成时，根据商品验收单和托收凭证等单据，经审核无误后，做与同城商品购进相同的会计分录。

任务三　零售商品销售的核算

任务目标

通过本任务的学习：

- 了解什么是零售商品销售。
- 掌握零售商品销售的核算方法。

业务认知

一、零售商品销售的一般业务程序

零售商品销售是指零售商品流通企业将商品供应给城乡居民或企事业单位消费，实现商品价值，取得销售收入的过程。它是商品流转的最终环节。

商品销售的主要对象是广大城乡消费者，因此，商品销售方式和业务程序要坚持方便顾客，有利于经营管理的原则，根据企业规模、经营商品的特点等实际情况，相应地采用。

零售商品销售的形式较多，但主要形式是门市销售。门市销售收取货款方式一般有两种，一种是采用一手钱一手货的方式，由营业员直接收款和付货，收款与付货在柜台同时完成。采用这种售货收款方式的优点是手续简便、交易迅速、方便顾客；缺点是营业员既管钱又管货，当接待顾客频繁时容易发生差错并难以查找原因。另一种方式是设置收款台由收款员专门集中收款。当顾客选好商品后，由营业员开票，顾客持票到收款台交款，营业员凭交款凭证付货。采用这种方式的优点是收款与付货分开，加强复核、集中收款、减少差错、责任清楚；缺点是顾客交款、取货不在同一地点，往返浪费时间，人多时排队等候交款，很不方便。上述两种售货收款方式要结合所经营商品的特点，合理选定，一般商品交易以采用一手钱一手货的方式较宜，贵重高档商品较多采用集中收款方式。

企业无论采用哪种收款方式，为了加强销货款的管理，保证现金的安全，防止差错，必须严格执行现金管理制度，各营业柜组的销货款必须于当日营业终了前，将款送交财会部门或直接送存银行，送款时要填制“交款单”，连同“商品进销存日报表”等凭证送交财会部门，经财会部门审核无误后进行账务处理。

二、零售商品销售的核算

（一）门市销售的核算

门市销售，由于实行售价核算、实物负责制，财会部门每日应根据各柜组送来的“交款单”所反映的销售额，记入“主营业务收入”账户和“应交税费”账户，以反映商品销售收入和应交增值税金额，同时还应按售价从“库存商品”账户转入“主营业务成本”账户，以减少实物负责人的物资责任。平时，“主营业务收入”和“主营业务成本”两个账户均反映为售价金额，不进行计算和冲减已销商品的进销差价，以减少繁琐的工作量，但月末应按一定方法计算出已销商品应分摊的进销差价额，再从“商品进销差价”账户结转到“主营业务成本”账户。这时“主营业务成本”账户才能反映出商品销售成本金额，也才能通过“主营业务收入”和“主营业务成本”账户计算反映出销售毛利或毛损。

门市销售每日终了，无论采用哪一种销售收款方式，营业员或收款员都应根据销货凭证或销货记录与货款进行核对，如果有不符应填写“长（短）款报告单”，报送财会部门，在未查明原因前，先记入“待处理财产损益”账户，查明原因后，应根据不同情况分别进行账务处理。

零售企业的商品销售收入包括应交增值税，即含税销售额。为了正确反映企业的不含增值税的商品销售收入，同时也为了计算销项税额，《增值税暂行条例》规定，一般纳税人销售货物采用销售额和销项税额合并定价方法的，按下列公式计算不含增值税销售额、销项税额。

商品销售收入 = 含税销售额 ÷ (1 + 增值税率)

应交销项税额 = 商品销售收入 × 增值税率

例 4-3　零售商场本日门市销售:家电组销售 46 800 元,服装组销售 11 700 元,百货组销售 9 360 元,共计 67 860 元,含销项税额 9 860 元,根据各组的“交款单”、“银行送款单”和“商品进销存日报表”等凭证,经审核无误,编制会计分录如下。

借:银行存款	67 860
贷:主营业务收入	58 000
应交税费——应交增值税(销项税额)	9 860
同时	
借:主营业务成本	67 860
贷:库存商品——家电组	46 800
——服装组	11 700
——百货组	9 360

任务四　已销商品进销差价的计算和结转

任务目标

通过本任务的学习:

- 了解什么是已销商品进销差价。
- 明确计算已销商品进销差价的方法有几种。
- 掌握已销商品进销差价的计算。

业务认知

采用售价核算的企业计算是否准确,直接关系到企业期末库存商品价值是否真实,企业经营成果和财务状况是否准确。因此,它是一项细致而重要的工作,企业应根据经营管理的特点和核算要求,选择适当的计算方法。目前,计算已销商品进销差价的方法主要有“综合差价率计算法”、“分类(柜组)差价率计算法”和“实际进销差价计算法”3 种。

一、综合差价率计算法

综合差价率计算法是月末按全部库存商品的存销比例分摊商品进销差价的一种方法。运用这种方法的是先根据全月库存商品计算出综合差价率，然后计算当月已销商品和期末库存商品已实现和应保留的进销差价数额。计算公式如下。

$$\text{综合差价率}=\frac{\text{结转前“商品进销差价”账户余额}}{\text{期末库存存商品账户余额}+\text{期末主营业务成本账户借方发生额}}\times 100\%$$

$$\text{本月已销商品应摊进销差价}=\text{期末商品销售成本账户借方发生额}\times\text{综合差价率}$$

例 4－4　零售商场月末“商品进销差价”账户余额 75 000 元，“库存商品”账户余额 105 000 元，“主营业务成本”账户发生额为 145 000 元，根据资料计算和结转已销商品应分摊的进销差价。

$$\text{综合差价率}=\frac{75\,000}{105\,000+145\,000}\times 100\%=30\%$$

$$\text{已销商品应分摊进销差价}=145\,000\times 30\%=43\,500(\text{元})$$

根据计算出来的已销商品应分摊进销差价，编制会计分录如下。

借：商品进销差价　　43 500

　贷：主营业务成本　　43 500

这种方法计算比较简单，但由于不同类别商品的进销差价率不完全相同，有的甚至相差很大，计算结果正确性较差，会影响已销商品实现的进销差价和库存商品应保留的进销差价的准确性。此方法不适用于经营商品类别多而时销差价率相差比较大的企业，仅适用于各类商品进销差价率相近的企业。

二、分类(柜组)差价率计算法

分类(柜组)差价率计算法是根据库存商品明细账反映的各类(柜组)商品的存、销比例，分摊各类(柜组)商品进销差价的一种方法，采用这种方法时，“库存商品”、“商品进销差价”、“主营业务收入”和“主营业务成本”账户都必须按商品大类或柜组实物负责人进行明细分类核算，而且设户要统一、相互要一致。

按商品分类(柜组)差价率分别计算的各类商品(柜组)已销商品进销差价，汇总相加后就是企业全部已销商品进销差价。具体计算方法基本上与综合差价率计算方法相同，现举例说明如下。

例 4－5　零售商场本月末，“库存商品”、“商品进销差价”和“主营业务成本”的明细分类核算资料，如表 4.1 所示。

表 4.1　已销商品进销差价计算表

商品类别 （实物负责人）	商品进销差价 账户金额	商品销售成本 账户本期发生额	库存商品 账户余额
百货组	20 000	35 000	15 000
纺织组	25 000	60 000	65 000
服装组	30 000	50 000	25 000
合　计	75 000	145 000	105 000

根据以上资料计算已销商品进销差价，如表 4.2 所示。

表 4.2　已销商品进销差价计算表

2010 年 10 月 30 日　　　　金额单位：元

实物 负责人	商品进销差 价月末余额	全部商品金额			商品进销差价		
		库存商品 月末余额	主营业务成本 本月发生额	合　计	平　均 差价率	已销商品 应分摊	库存商品 应分摊
(1)	(2)	(3)	(4)	(5) = (3) + (4)	(6) = $\frac{(2)}{(5)}$ ×100%	(7) = (4) × (6)	(8) = (2) − (7)
百货组	20 000	15 000	35 000	50 000	40%	14 000	6 000
纺织组	25 000	6 000	60 000	125 000	20%	12 000	13 000
服装组	30 000	25 000	50 000	75 000	40%	20 000	10 000
合　计	75 000	105 000	145 000	250 000		46 000	29 000

根据以上计算结果，编制会计分录如下。

借：商品进销差价——百货组　　14 000
　　　　　　　　——纺织组　　12 000
　　　　　　　　——服装组　　20 000
　贷：主营业务成本——百货组　　14 000
　　　　　　　　——纺织组　　12 000
　　　　　　　　——服装组　　20 000

采用分类（柜组）差价率计算法与综合差价率计算法比较，由于把计算范围缩小到各类商品（柜组），计算出的结果比较准确，此法适用于各类商品（柜组）的进销差价率相差较大的零售企业。

任务训练

一、复习思考题

1. 零售企业售价核算有什么特点？
2. 售价核算的主要内容是什么？

3. 试述"商品进销差价"账户的结构和核算内容。

4. 计算已销商品进销差价有几种方法,并说明每种方法的优缺点。

二、实训操作

1. 零售商品购进的核算

【目的】练习零售商品购进的核算。

【要求】根据下列经济业务编制会计分录。

【资料】某零售商品2011年4月份发生下列购进业务。

①2日,向本市五金交电公司购进美乐牌电冰箱50台,每台进价1 000元,计50 000元,增值税款8 500元,每台售价1 200元,计60 000元,签发转账支票付清货款,商品由家电组验收。

②3日,向上海羊毛衫厂购进羊毛衫1 000件,每件进价60元,计600 000元,增值税款10 200元,每件售价70元,计70 000元,供货方代垫运费300元,接到银行转来托收凭证,经审核无误当即承付,商品尚未到达。

③4日,向本市百货公司购进洗衣粉30箱,每箱进价40元,计1 200元,增值税款204元,每箱售价50元,计1 500元,货款签发转账支票付讫,商品由百货组验收。

④5日,向四川某酒厂购进瓶装白酒500瓶,每瓶进价3元,计1 500元,增值税款255元,每瓶售价3.5元,计1 750元,供货方代垫运费300元,银行转来托收凭证,经审核无误当即承付,商品尚未到达。

2. 零售商品销售的核算

【目的】练习零售商品销售的核算。

【要求】根据下列资料编制会计分录。

【资料】某综合零售商店2011年2月5日,各营业柜组销售收入情况如下表所示,现金存入银行。

柜组实物负责人	百货组	鞋帽组	服装组
销售收入(含增值税)	3 872.70	2 866.50	4 680.00
实交金额	3 872.70	2 866.50	4 680.00

3. 零售商品企业已销商品进销差价的计算与结转

【目的】练习零售商品企业已销商品进销差价的计算与结转。

【要求】根据下列资料计算已销商品应分摊的进销差价,并编制会计分录。

【资料】资料详情如下表所示。

柜组实物负责人	本月商品销售成本额	月末库存商品余额	月末进销差价余额	进销差价率	已销商品进销差价	库存商品进销差价
百货组	48 400	18 400	7 348			
服装组	6 800	23 800	13 440			
纺织组	51 000	40 000	6 370			
文化组	12 000	48 000	4 000			
鞋帽组	25 200	9 800	4 200			
合　计	202 400	140 000	35 358			

4. 已销商品进销差价的计算和调整

【目的】练习已销商品进销差价的计算和调整。

【要求】根据资料计算已销商品进销差价，并编制会计分录。

【资料】资料详情如下所示。

某零售商店月末进销差价结转前有关账户余额如下：库存商品 210 000 元，主营业务成本 351 000 元，商品进销差价 17 500 元，采用综合差价率法。

5. 零售商品流转业务的核算方法

【目的】练习零售商品流转业务的核算方法。

【要求】根据资料编制会计分录。

【资料】立新商店（一般纳税人）2010 年 10 月份发生如下有关经济业务。

① 1 日，由市蔬菜盐业公司购进精盐 1 000 千克，进价 471. 96 元，增值税款 80. 23 元，共计 552. 19 元，开出转账支票支付款项。

② 1 日，购进食盐并运回交副食组验收，单价 0. 70 元，售价金额 700 元。

③ 2 日，由市烟草公司购进大雁塔香烟 4 箱，进价金额 700. 88 元，增值税款 119. 15 元，共计 820. 03 元，开出转账支票结算货款，商品由烟酒组验收，售价金额 1 000 元。

④ 3 日，由丽达商行购入"500g 高乐高"饮品，进价金额 2 292. 88 元，增值税款 389. 79 元，开出转账支票付款。

⑤ 4 日，昨日购进的饮品今运回，交烟酒组验收，售价金额 3 290. 10 元。

⑥ 5 日，各柜组销售情况如下：百货组 409. 50 元，烟酒组 257. 40 元，副食组 245. 7 元。收到的现金已送存银行。

⑦ 8 日，由市副食品公司购入商品一批，进价金额 2 458 元，增值税款 417. 86 元，开出转账支票付款。商品交烟酒组验收，售价金额 3 439 元。

⑧ 10 日，由第四酿酒厂购入商品一批，进价金额 528. 20 元，增值税款 89. 80 元，开出转账支票付款，商品交副食组验收，售价金额 735 元。

⑨ 30 日，"库存商品"账户月末金额为 177 424 元，"商品销售成本"账户借方发生额合计 46 576元，"商品进销差价"账户余额为 40 320 元。计算并结转本月份已销商品进销差价（采用综合差价率计算法）。

项目五 固定资产的核算

项目认知

通过本项目的学习，了解固定资产的类别和计价，明确固定资产折旧的计提方法，掌握固定资产在形成、使用和退出3个阶段的账务处理。

任务一 固定资产概述

任务目标

通过本任务的学习：

- 熟悉固定资产的概念和特点。
- 了解固定资产的分类。
- 明确固定资产的计价方法。

业务认知

一、固定资产的概念

按现行制度规定，企业的物质设备应按其价值大小和使用时间长短分别划分为固定资产和低值易耗品两类。固定资产是指同时具有下列特征的有形资产：① 为生产商品、提供劳务、出租或经营管理而持有的；② 使用寿命超过一个会计年度。不属于经营主要设备的物品，单位价值在2 000元以上，并且使用期限超过两年的，也应作为固定资产。不具备以上条件的物质设备，则作为低值易耗品。

固定资产具有以下几个特点。

① 能较长时间参加业务经营过程且不明显改变其实物形态。

② 其价值随磨损程度逐渐转移到商品流通费用中去，并从商品的销售收入中得到补偿。

③ 固定资产的价值补偿和实物更新在时间上不一致。

④ 用于固定资产的资金需要较长时间才能循环一次，其时间长短取决于固定资产的使用期限。

固定资产在符合定义的前提下，应当同时满足以下两个条件才能加以确认。

① 与该固定资产有关的经济利益很可能流入企业。资产最重要的特征是预期会给企业带

来经济利益。企业在确认固定资产时，需要判断与该项固定资产有关的经济利益是否很可能流入企业。如果与该项固定资产有关的经济利益很可能流入企业，并同时满足固定资产确认的其他条件，才能将其确认为固定资产。

② 固定资产的成本能够可靠地计量。成本能够可靠地计量是资产确认的一项基本条件。企业在确定固定资产成本时必须取得确凿证据，有时需要根据所获得的最新资料，对固定资产的成本进行合理的估计。

二、固定资产的分类

商品流通企业的固定资产可以按其经济用途、使用情况、产权归属、实物形态和使用期限进行分类，以加强企业管理，分析各类固定资产的结构，进而考核其利用效率。

（一）固定资产按经济用途可分为经营性固定资产和非经营性固定资产

经营性固定资产是指直接服务于业务经营全过程的固定资产。例如，营业用房、仓库、运输车辆、管理用具等。非经营性固定资产是指不直接服务于业务经营，而是为了满足职工物质文化需要的固定资产。例如，职工宿舍、食堂、托儿所、幼儿园、浴室、医务室以及科研等其他方面使用的房屋、设备等固定资产。这种分类方法便于分析各类固定资产在全部固定资产中所占的比重，了解其分布和利用的合理情况，以兼顾业务经营及职工集体福利、文化设施的需要。

（二）固定资产按使用情况可分为使用中、未使用和不需用的固定资产

使用中固定资产是指企业正在使用中的各种固定资产，包括由于季节性和大修理等原因暂时停用以及存放在使用部门以备替换使用的机器设备。未使用固定资产是指尚未投入使用的新增固定资产和经批准停止使用的固定资产。不需用固定资产是指企业不需用，准备处理的固定资产。这种分类方法便于反映和监督企业固定资产的使用情况，有利于分析和考核固定资产利用效果，促使企业合理使用固定资产，提高使用效能。

（三）固定资产按产权归属可分为自有固定资产、接受投资固定资产和租入固定资产

自有固定资产是指企业投资购建的固定资产。接受投资固定资产是指其他单位投资的固定资产。租入固定资产是指企业向外单位租入的固定资产。这种分类方法可以反映和监督固定资产的来源情况，分清计提固定资产折旧的界限。

（四）固定资产按实物形态可分为房屋及建筑物、机器设备、电子设备、运输设备及其他设备五大类

在实际工作中，为了便于管理和核算，一般对几种分类进行综合分类，分为经营用、非经营用、租出、未使用、不需用、土地和租入固定资产7类。土地是指已估价单独入账的土地。因征地而支付的补偿费，应计入与土地有关房屋、建筑物的价值内，不单独作为土地计价入账。

三、固定资产的计价

（一）固定资产的计价方法

固定资产的计价是指以货币为计量单位，按照国家统一规定的计价原则，计算和确定每一项

固定资产价值。根据固定资产管理和核算的需要，其计价方法有以下 3 种。

1. 按原始价值计价

固定资产原始价值又称原始成本或历史成本，简称原值或原价。它是指企业在建造或购置某项固定资产达到预定可使用状态前所发生的一切合理的、必需的支出。固定资产原始价值是计算折旧和考核固定资产利用效果的重要依据。

2. 按净值计价

净值又称折余价值或账面净值。它是指固定资产的原值或重置成本减去累计提取折旧后的余额，即固定资产尚未磨损部分的价值。

3. 按现值计价

固定资产的现值是固定资产在持续使用和最终处置中所产生的未来库存现金流入量的折后库存现金额。

（二）固定资产的计价原则

现行制度规定，商品流通企业固定资产的计价，应按取得时的实际支出入账。

① 购入的固定资产，以购入价加上应由企业负担的运输费、装卸费、安装调试费、保险费以及税金计价。

② 自制、自建的固定资产，以建造和制造过程中的实际发生的全部支出计价。

③ 在原有固定资产基础上进行改造、扩建的，按固定资产原值减去改建、扩建过程中发生的变价收入加上由于改建、扩建而增加的支出计价。

④ 作为资本或合作条件投入的固定资产，按评估确定价值或按投资时的合同、协议约定的价格计价。其中投资人以设备投入企业的，在确定原始价值时，应提供原始发票。

⑤ 以融资租赁方式租入的固定资产，按租赁协议规定的价款加上应由企业负担的运输费、装卸费、保险费及税金等计价。

⑥ 接受捐赠，从境外调入或引进的固定资产，以所附发票、账单等凭证所确定的金额加上应由企业负担的运输费、保险费、安装调试费及税金等计价。无所附单据的，按照同类固定资产市场价格计价。

企业为取得固定资产而发生的借款利息支出和有关费用，在固定资产尚未交付使用或已拨入使用但尚未办理竣工结算前发生的，应计入固定资产价值，在此之后发生的，应当计入当期损益。

⑦ 盘盈的固定资产，按照同类固定资产的重置完全价值计价。

⑧ 企业兼并、投资、变卖、租赁、清算时，固定资产应依法进行评估。

知识点拨

按照增值税改革方案的规定，对于一般纳税人，固定资产投资所发生的增值税支出准予抵扣。

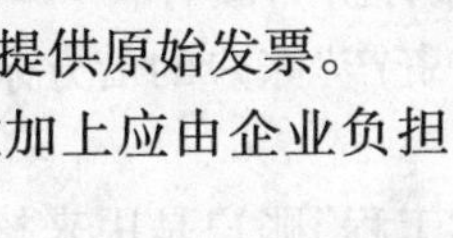

任务二　固定资产的取得

任务目标

通过本任务的学习：

- 概括固定资产形成的来源。
- 熟练掌握取得固定资产的账务处理。

业务认知

商品流通企业的固定资产取得的方式多种多样，包括外购、自行建造、投资者投入、融资租赁、接受捐赠、盘盈和债务重组等。

"固定资产"账户是资产类账户，用来核算企业全部固定资产原始价值的增加、减少和结存情况。借方登记固定资产的购入、建造、投资转入、融资租入和盘盈等增加的固定资产原值，贷方登记因资产出售、报废、毁损、盘亏及投资转出等减少的固定资产原值，期末借方余额表示企业现有固定资产的原始价值。

"累计折旧"账户是资产类抵减账户，用来核算固定资产因磨损而减少的价值。贷方登记按月计提的固定资产折旧，借方登记减少固定资产的已提累计折旧，期末贷方余额表示企业现有固定资产的累计折旧额。

"固定资产"账户的借方余额减去"累计折旧"账户的贷方余额，即为固定资产的净值（折余价值）。

"在建工程"账户是用来核算企业进行各种在建工程（包括基建工程，更新改造工程和大修理工程等）所发生的实际支出。其借方登记企业进行的在建工程的实际支出，贷方登记已完工交付使用的在建工程的实际成本，期末借方余额反映尚未完工的在建工程所发生的实际成本。

一、购入的固定资产

企业购入的固定资产分为两种情况：一种是购入不需要安装的固定资产，另一种是购入需要安装的固定资产。无论何种情况，都应办理验收手续，取得合法原始凭证，进行账务处理。

商品流通企业购入的固定资产，应按实际支付的价款入账。它包括买价及支付的运输费、装卸费、保险费、安装调试费及增值税等。如果是国外进口的，还要包括进口关税。企业购入不需安装的固定资产直接在"固定资产"账户借方登记，购入需要安装的固定资产，要先通过"在建工程"账户核算，安装完毕再转入"固定资产"账户核算。

例 5-1　2010 年 3 月 3 日，中东商业有限责任公司从国内购入不需安装的传真设备一台，发票价格 70 000 元，增值税款 11 900 元，运输费、包装费、保险费等计 1 800 元，以银行存款支付全部款项。设备验收入库，根据有关凭证编制会计分录如下。

借：固定资产——传真设备	71 800	
应交税费——应交增值税（进项税额）	11 900	
贷：银行存款		83 700

例 5-2 2010 年 3 月 5 日,中东商业有限责任公司购入需要安装的设备一台,买价 100 000 元,增值税款 17 000 元,运杂费 2 000 元,购入后委托外单位进行安装,发生安装费 3 000 元,以上款项均以银行存款支付。设备安装完毕并交付使用。根据有关凭证编制会计分录如下。

- 购入时,做账务处理如下。

借:在建工程	102 000	
应交税费——应交增值税(进项税额)	17 000	
贷:银行存款		119 000

- 支付安装费时,做账务处理如下。

借:在建工程	3 000	
贷:银行存款		3 000

- 安装完毕交付使用时,做账务处理如下。

借:固定资产	105 000	
贷:在建工程		105 000

二、接受投入的固定资产

商品流通企业接受作为资本投入的固定资产,按投资各方评估或协商议定的价格作为入账依据。投资转入的固定资产应按原始价值记入"固定资产"账户和"实收资本"账户。如果投入的为旧的固定资产,应按其新旧程度估计折旧额记入"累计折旧"账户,"固定资产"账户与"累计折旧"账户的差额,即为"实收资本"账户的数额。

例 5-3 中东商业有限责任公司接受外单位投入旧运输卡车一辆,经投资双方协定,重置完全价值为 300 000 元,预计使用年限为 10 年,已使用 3 年,估计残值为 10%。其会计分录如下。

借:固定资产——运输设备	300 000	
贷:实收资本		219 000
累计折旧		81 000

注:累计折旧的计算公式为:(300 000 - 300 000 × 10%)/10 × 3 = 81 000(元)

三、接受捐赠的固定资产

接受捐赠是指企业接受国内外地方政府、社会团体或个人赠予的各类固定资产,入账时应以有关发票或参照市场同类固定资产,加上应由企业负担的费用等资料确定其价格,如果捐赠的是使用过的固定资产,还应估计其新旧程度,按其净值记入"资本公积"账户。"资本公积"账户是所有者权益账户,用来核算企业取得的资本公积,包括接受捐赠、法定财产重估增值、资本折算差额和资本溢价等。

例 5-4 中东商业有限责任公司接受社会团体捐赠使用过的通讯设备一台,按市场同类产品价格计算,价值 60 000 元,估计磨损率为 20%,在捐赠过程中发生运杂费 500 元,以银行存款支付。通讯设备已交付使用。其会计分录如下。

借:固定资产——通讯设备　　60 500
　贷:累计折旧　　12 000
　　资本公积——捐赠　　48 000
　　银行存款　　500

四、租入的固定资产

商品流通企业以租赁方式租入的固定资产,有经营性租赁和融资性租赁两种。这两种方式租入的固定资产性质不同,会计核算方法也不同。

采用经营性租赁方式租入的固定资产,其所有权不属于企业,不提折旧费,也不能作为企业的资产记入"固定资产"账户,只能在备查账簿中进行登记。租赁期间所发生的租金支出,以"经营费用"列支。

而融资性租赁的固定资产则不同,它是企业借助于出租公司的资金而购入的固定资产。在租赁期间,企业要负责固定资产的维修、保险和折旧等费用,支付的租金包括在租入的固定资产价款内,其实质是出租公司以实物资产所提供的一种信贷。因此,其性质属于信贷范畴,企业要在租赁期内,以租金的形式分期归还,一般在租赁期满,企业在付清最后一笔租金时,或者再支付少量的转让费,租入固定资产的所有权即转让给企业,成为企业的自有固定资产。

任务三　固定资产折旧

任务目标

通过本任务的学习:

- 概括影响固定资产折旧的要素。
- 熟练掌握各种固定资产折旧的计算方法。

业务认知

一、固定资产的影响因素

固定资产的折旧是指在固定资产的使用寿命内,按确定的方法对应计折旧额进行的系统分摊。

① 固定资产原值

企业一般应以固定资产的账面原值作为计提折旧的依据。

② 预计净残值

预计净残值是指企业设想在固定资产使用寿命终了的状态下,企业预计的残值所得扣除预计处置费用后的余额。

应计折旧额是指应计提折旧的固定资产的原价扣除其预计净残值后的余额。如果已对固定资产计提减值准备,还应扣除已计提的固定资产减值准备累计金额。

③ 使用寿命

使用寿命是指固定资产预期使用的期限。有些固定资产的使用寿命也可以用该资产所能生产的产品或提供的服务的数量来表示。

会计实务中,处于更新改造中的固定资产不需计提折旧,处于大修理中的固定资产需计提折旧。企业计提的固定资产折旧,应根据固定资产用途,分别计入相关资产的成本或当期费用。

知识点拨

固定资产折旧范围除以下情况外，企业应对所有固定资产计提折旧。

① 已提足折旧继续使用的固定资产。

② 按规定单独估价作为固定资产入账的土地。

在实务中，如果固定资产的各组成部分具有不同的使用寿命或者以不同的方式为企业提供经济利益，适用于不同折旧率或折旧方法的，则应当分别将各组成部分确认为各单项固定资产。

二、固定资产折旧计算的方法

企业应根据固定资产所含经济利益的预期实现方式选择折旧方法。可供选择的折旧方法主要包括年限平均法、工作量法、双倍余额递减法和年数总和法等。折旧方法一经确定,不得随意变更。如需变更,应在会计报表附注中予以说明。

为体现一贯性原则,在一年内固定资产折旧方法不能修改,在各折旧方法中,当已提月份不小于预计使用月份时,将不再进行计提折旧。本期增加的固定资产当期不提折旧,当期减少的要计提折旧,以符合可比性原则。提前报废的固定资产,不再补提折旧。

(一) 年限平均法

年限平均法又称直线法,是指按固定资产使用年限平均计算折旧的方法。其计算公式如下。

$$年折旧率=\frac{年折旧额}{固定资产价值}\times 100\%$$

$$=\frac{(1-预计净残值率)}{预计使用年限}\times 100\%$$

$$年折旧额=\frac{固定资产原值\times(1-预计净残值率)}{预计使用年限}\times 100\%$$

$$月折旧率=\frac{年折旧率}{12}$$

$$月折旧额=固定资产价值\times 月折旧率$$

例 5-5 中东商业有限责任公司的一辆重型汽车原值为 600 000 元,预计净残值率为 4%,预计使用 6 年,该汽车采用年限平均法,计算折旧率和折旧额。

$$年折旧率=(1-4\%)/6=16\%$$

$$年折旧额=600\,000\times 16\%=96\,000(元)$$

（二）工作量法

工作量法是根据实际工作量计提折旧额的一种方法。它将总计提的折旧额按固定资产预计的可提供的总工作量来平均分配，计算公式如下。

$$单位工作量折旧额=\frac{固定资产原值\times(1-预计净残值率)}{预计折旧年限总工作量}$$

$$月折旧额=单位工作量折旧额\times月工作量$$

例 5-6　接例 5-5，该重型汽车预计可行驶 500 000 千米，本月行驶 3 000 千米。则该汽车本月应计提的折旧额计算如下。

$$单位工作量折旧额=\frac{600\ 000\times(1-4\%)}{500\ 000}=1.152(元/千米)$$

$$月折旧额=3\ 000\times1.152=3\ 456(元)$$

工作量法的优点是克服了年限平均法只注重资产使用年限的不足，计算简单。它的缺点是忽视了无形损耗。此外，在实际操作中，固定资产的工作量往往很难准确预测。本方法主要适用于使用不均衡且物理磨损是资产贬值的主要因素的固定资产。

（三）双倍余额递减法

除了以上所说的两种折旧方法外，企业对那些技术进步较快或使用寿命受工作环境影响较大的施工机械和运输设备，在经财政部门批准后，可采用双倍余额递减折旧法和年数总和折旧法来计提固定资产的折旧。

双倍余额递减法是不考虑固定资产预计净残值的情况下，以固定资产期初账面净值（原值减累计折旧）作为折旧基数，以直线法折旧率的双倍作为折旧率来计算折旧额的一种方法。其计算公式如下。

$$年折旧率=\frac{2}{预计使用年限}\times100\%$$

$$月折旧率=年折旧率/12$$

$$月折旧额=固定资产账面净值\times月折旧率$$

按现行财务制度的规定，采用双倍余额递减法计算折旧的固定资产，应在其固定资产折旧年限到期的最后两年内，将固定资产净值扣除预计净残值后的净额平均摊销。

例 5-7　中东商业有限责任公司有一生产车间，原值 100 000 元，预计残值率 5%，预计使用 5 年，计算该车间的年折旧率和年折旧额（见表 5.1）。

表 5.1　双倍余额递减法折旧计算表

年　份	期初账面余额 1	年折旧率 2	年折旧额 3 = 1 × 2	期末账面余额 4 = 1 − 3
1	100 000	40%	40 000	60 000
2	60 000	40%	24 000	36 000
3	36 000	40%	14 400	21 600
4	21 600		8 300	13 300
5	13 300		8 300	5 000

注：年折旧率 = 2/5 × 100% = 40%

第四年、第五年的折旧额 = (21 600 − 5 000)/2 = 8 300(元)

(四) 年数总和法

年数总和法是将固定资产的应计提的总的折旧额乘以一个逐年递减的折旧率来计算折旧的一种方法。其计算公式如下。

$$年折旧率=\frac{预计使用年限-已使用年限}{预计使用年限的年数总和}\times 100\%$$

预计使用年限的年数总和 = 预计使用年限 × (预计使用年限 + 1)/2

月折旧率 = 年折旧率/12

月折旧额 = (固定资产原值 − 预计净残值) × 月折旧率

例 5−8　承例 5−7,采用年数总和法计算折旧额(见表 5.2)。

应计提的总的折旧额 = 1 000 000 × (1 − 5%) = 95 000(元)

预计使用年限的年数总和 = 5 × (5 + 1)/2 = 15

表 5.2　年数总和法折旧计算表

年　份	尚可使用年限	应计提折旧额	年折旧率	年折旧额	累计折旧额
1	5	95 000	5/15	31 666.67	31 666.67
2	4	95 000	4/15	25 333.33	57 000.00
3	3	95 000	3/15	19 000.00	76 000.00
4	2	95 000	2/15	12 666.67	88 666.67
5	1	95 000	1/15	6 333.33	95 000.00

双倍余额递减法和年数总和法都属递减折旧法,采用这两种折旧方法的理由,主要是考虑到固定资产在使用过程中,一方面它的效率或收益能力逐年下降,另一方面它的修理费用要逐年增加。为了均衡固定资产在折旧年限内各年的使用费,固定资产在早期所提的折旧额应大于后期所提的折旧额。

任务四　固定资产处置、清查

任务目标

通过本任务的学习:

- 熟悉固定资产的处置步骤,掌握各步骤的会计处理。
- 熟练掌握固定资产清查的账务处理程序和会计分录。

业务认知

一、固定资产处置

固定资产处置就是对不适用、不需用的固定资产进行更新、置换并及时清理替换下来的固定资产。这个过程主要包括将固定资产转为持有待售、出售、转让和报废等，企业持有待售的固定资产，应当对其预计净残值进行调整。企业出售、转让、报废固定资产或发生固定资产毁损，应当将处置收入扣除账面价值和相关税费后的金额计入当期营业外支出。固定资产的账面价值是固定资产成本扣减累计折旧和累计减值准备后的金额。

固定资产处置一般通过“固定资产清理”科目进行核算。该账户借方登记转入清理的固定资产净值、发生的清理支出和结转固定资产清理的净收益，贷方登记固定资产的清理收入和应收的赔款以及结转固定资产清理的净损失。

例 5－9　2010 年 3 月，中东商业有限责任公司将一台闲置的设备出售，支付清理费 1 000元，取得销售收入 30 000 元。该设备账面原值 63 000 元，预计净残值 3 000 元，采用年限平均法计提折旧，规定折旧年限 5 年，已经使用 2 年。其账务处理如下。

- 固定资产转入清理，累计折旧额为(63 000－3 000)/5×2＝24 000(元)

借：固定资产清理　　39 000
　　累计折旧　　24 000
　　贷：固定资产　　63 000

- 发生的清理费用

借：固定资产清理　　1 000
　　贷：银行存款　　1 000

- 收到销售款和残料等的处理

借：银行存款　　30 000
　　贷：固定资产清理　　30 000

- 计提应交的税费，销售该设备应按照适用税率征收增值税

增值税额＝30 000/(1＋4%)×2%＝576.92(元)

借：固定资产清理　　576.92
　　贷：应交税费——应交增值税(销项税额)　　576.92

- 结转出售固定资产的净损益

借：营业外支出——处理固定资产净损失　　10 576.92
　　贷：固定资产清理　　10 576.92

知识链接：

根据《财政部国家税务总局关于全国实施增值税转型改革若干问题的通知》（财税[2008]170号）第四条的规定：自2009年1月1日起，纳税人销售自己使用过的固定资产，应征收增值税。关于销售额和应纳税额，一般纳税人销售自己使用过的固定资产和旧物，适用按简易办法依4%征收率减半征收增值税政策的，按下列公式计算。

销售额=含税销售额/（1+4%）
应纳税额=销售额×4%/2

小规模纳税人销售自己使用过的固定资产和旧物，按下列公式计算。

销售额=含税销售额/（1+3%）
应纳税额=销售额×2%

固定资产使用期满，不能继续使用，或由于各种原因，导致固定资产提前损坏不能继续使用，则应该转入清理进行报废处理。

例 5－10　2010 年 3 月，中东商业有限责任公司的一辆运输车在一次交通事故中提前报废，该车原值 200 000 元，已提折旧 80 000 元，毁损汽车残料收入 5 000 元，经谈判对方赔偿 50 000元，根据保险合同，保险公司确定赔偿 40 000 元，赔偿款均未收到。

- 转销报废汽车的账面价值

借：固定资产清理　　120 000
　　累计折旧　　80 000
　　贷：固定资产　　200 000

- 取得变价收入

借：银行存款　　5 000
　　贷：固定资产清理　　5 000

- 应收的个人和保险公司赔款

借：其他应收款——责任人　　50 000
　　　　　　　——保险公司　　40 000
　　贷：固定资产清理　　90 000

- 结转清理损失

借：营业外支出——处理固定资产净损失　　25 000
　　贷：固定资产清理　　25 000

二、固定资产的清查

固定资产清查是指从实物管理的角度对单位实际拥有的固定资产进行实物清查，并与固定资产进行账务核对，确定盘盈、毁损、报废及盘亏的资产。

（一）固定资产盘盈的会计处理

固定资产盘盈的会计核算新旧准则发生了变化，根据《企业会计准则第 4 号——固定资产》的有关规定，固定资产盘盈应作为前期差错记入“以前年度损益调整”科目，之所以新准则将固定资产盘盈作为前期差错进行会计处理，是因为固定资产出现由于企业无法控制的因素而造成盘盈的可能性极小，甚至是不可能的，企业出现了固定资产的盘盈必定是企业以前会计期间少计、漏计而产生的，应当作为会计差错进行更正处理。旧准则直接计入营业外收入，直接影响净利润，新准则通过以前年度损益调整，调整未分配利润，使企业的报表更加透明，这样也能在一定程度上控制人为的调解利润的可能性。

例 5－11　中东商业有限责任公司 2010 年 3 月 30 日对企业全部的固定资产进行盘查，盘盈一台五成新的机器设备，该设备同类产品市场价格为 120 000 元，企业所得税税率为 25%。编制会计处理如下。

借：固定资产　　120 000
　　贷：累计折旧　　60 000
　　　　以前年度损益调整　　60 000
借：以前年度损益调整　　15 000
　　贷：应交税费——应交所得税　　15 000

注:“以前年度损益调整”是调整增加的“营业外收入”的金额,增加了企业的净利润,税法上也将资产盘盈作为应税收入,会计与税法规定一致,要交纳所得税。

应纳所得税 $=60\,000\times25\%=15\,000$(元)

借:以前年度损益调整　　45 000

　贷:利润分配——未分配利润　　45 000

(二)固定资产盘亏的会计处理

固定资产盘亏造成的损失,应当计入当期损益。企业在财产清查中盘亏的固定资产,按盘亏固定资产的账面价值借记“待处理财产损益——待处理固定资产损益”科目,按已计提的累计折旧,借记“累计折旧”科目,按已计提的减值准备,借记“固定资产减值准备”科目,按固定资产原价,贷记“固定资产”科目。按管理权限报经批准后处理时,按可收回的保险赔偿或过失人赔偿,借记“其他应收款”科目,按应计入营业外支出的金额,借记“营业外支出——盘亏损失”科目,贷记“待处理财产损益”科目。

例 5-12　中东商业有限责任公司2010年3月组织人员对固定资产进行清查时发现丢失电机一台,该设备原价100 000元,已计提折旧30 000元,并已计提减值准备20 000元。经查设备丢失的原因在于设备管理员看守不当。经批准,由设备管理员赔偿15 000万元。有关账务处理如下。

- 盘点发现电机设备丢失时

借:待处理财产损益——待处理固定资产损益　　50 000

　累计折旧　　30 000

　固定资产减值准备　　20 000

　贷:固定资产　　100 000

- 经批准后

借:其他应收款——责任人　　15 000

　营业外支出——盘亏损失　　35 000

　贷:待处理财产损益——待处理固定资产损益　　50 000

- 收到设备管理员赔款

借:库存现金　　15 000

　贷:其他应收款——责任人　　15 000

任务训练

一、复习思考题

1. 固定资产如何分类?
2. 固定资产的计价方法有哪些?
3. 固定资产的取得方式有哪些?
4. 商品流通企业以租赁方式租入的固定资产常见有哪两种?
5. 影响固定资产折旧的因素有哪些?
6. 对比固定资产折旧的计算方法。

7. 固定资产处置的步骤是什么？

8. 简述盘盈、盘亏固定资产业务的账务处理。

二、实训操作

1. 会计分录题

① 2010 年 3 月 15 日，中东商业有限责任公司购入一台需要安装的设备，发票显示价款 200 000元，增值税 34 000 元，运杂费 2 000 元，次日安装又发生安装费 5 000 元，全部款项均用银行存款支付，设备安装完毕，交相关部门使用。

② 中东商业有限责任公司接受外单位投入的机器一台，经投资双方协定，重置完全价值为 50 000 元，预计使用年限为 5 年，已使用 3 年，估计残值为 10%。

③ 中东商业有限责任公司 2010 年 3 月组织人员对固定资产进行清查时发现如下情况。

- 账外盘盈旧机器一台，重新估价原值 4 800 元，估计已提折旧 3 300 元。
- 盘亏旧设备一台，账面原值 1 700 元，已提折旧 920 元。

请编制以上业务的会计分录。

2. 计算题

2010 年 3 月，中东商业有限责任公司上个月添置了固定资产若干，均投入使用，请按要求计算它们的当月的折旧额。

① 库房竣工，价值 2 000 000 元，预计使用 20 年，预计净残值率 10%，采用年限平均法计提折旧。

② 运输用汽车一辆，价值 400 000 元，预计行驶 300 000 公里，预计净残值率 4%，本月使用2 000 公里，采用工作量法计提折旧。

③ 公司办公用设备一台，原值 50 000 元，预计使用 5 年，期满无残值，采用年数总和法计提折旧。

④ 销售用设备一台，原值 100 000 元，预计使用 5 年，预计净残值率 5%，采用双倍余额递减法计提折旧。

项目六 无形资产的核算

项目认知

无形资产是相对有形资产而言的，是指不具有实物形态而能为企业较长时期提供某种权利或有助于企业取得较高收益的资产。它包括专利权、商标权、版权、土地使用权、专有技术、商誉和经营特许权等。

任务一　无形资产概述

任务目标

通过本任务的学习：

- 了解商品流通企业无形资产的内容。
- 掌握商品流通企业无形资产的特点。

业务认知

一、无形资产的概念

无形资产是指企业拥有或控制的没有实物形态的可辨认非货币性资产。

二、商品流通企业无形资产的特点

商品流通企业无形资产和其他企业的无形资产一样，除具有不存在物质实体、将在较长时期内为企业提供经济利益、所能提供的未来经济效益具有高度的不确定性等共同特点外，由于商品流通零售行业的特殊性，商品流通企业无形资产还有以下特点。

（一）商品流通企业无形资产是商品流通企业长期经营过程中培育和积累形成的

商品流通企业无形资产的核心是商誉和商业秘密。商誉是商品流通企业在长期经营过程中精心培育而建立的良好的企业形象和较高的市场信誉，有广泛的知名度和美誉度，俗称“金字招牌”。商业秘密是商品流通企业在长期经营过程中探索积累的管理经验、营销策略、购销渠道、客户网络、开发设计的专用电子计算机管理网络和应用软件等，属于非专利技术，被人们称之为商品流通企业“核心机密”。

（二）商品流通企业无形资产是构成市场竞争力的关键

首先，随着我国商品市场从卖方市场转向买方市场，企业竞争对无形资产的依赖程度明显增加。其次，商品流通企业无形资产的获得比较困难，所以无形资产逐渐成为竞争力差异的关键因素。第三，商品流通企业有形资产的利用成效取决于无形资产的积累和开发运用，在某种程度上商品流通企业无形资产决定着有形资产作用的发挥。

（三）侵犯商品流通企业无形资产的行径成为市场竞争新的动向

假冒商品流通企业的注册商标、擅自使用商品流通企业的企业名称、侵犯商业秘密时有发生。例如，不择手段获取竞争对手商品流通企业的不公开的技术信息和经营信息、挖走商品流通企业经济业务骨干、带走业务关系、捏造散布虚假信息。

知识点拨

工商注册：按照新《公司法》的规定，企业无形资产（知识产权）占注册资本的比例最高可以达到70%，货币占30%。如果商品流通企业现金不足或不愿全部用现金注册完全可以请一家权威的评估机构将无形资产经专业评估后进行工商注册。

无形资产在满足以下两个条件时，企业才能加以确认。

① 该资产产生的经济利益很可能流入企业。

② 该资产的成本能够可靠地计量。

企业应能够控制无形资产所产生的经济利益，例如，企业拥有无形资产的法定所有权，或企业与他人签订了协议，使得企业的相关权利受到法律的保护。

在判断无形资产产生的经济利益是否很可能流入企业时，企业管理部门应对无形资产在预计使用年限内存在的各种因素做出稳健的估计。

任务二 无形资产的核算内容及会计处理

任务目标

通过本任务的学习：

- 了解无形资产核算的内容。
- 掌握无形资产入账价值。
- 掌握无形资产取得、摊销、出租、处置的账务处理。

业务认知

一、无形资产核算的内容

可辨认无形资产包括专利权、非专利技术、商标权、著作权、土地使用权和经营特许权等。在市场经济的条件下,无形资产作为商品,有其本身的价值。企业确认无形资产入账价值的基本原则是,购入或按法律程序申请取得的各种无形资产,按实际支出记账;其他单位投资转入的无形资产,按合同约定或评估确认的价值记账。由于无形资产价值具有不确定性的特点,为慎重起见,一般只有在能够确定为取得无形资产而发生的支出时,才能作为无形资产的价值入账。

(一)专利权

专利权是指政府对发明者在某一产品的造型、配方、结构、制造工艺或程序的发明创造上给予其制造、使用和出售等方面的专门权利。企业并不是应将其所拥有的一切专利权都予以本金化,作为无形资产核算,只有那些能够给企业带来较大经济价值的,并且企业为此做了支出的专利才能作为无形资产进行管理和核算。

专利权如果是外购的,其记账成本除买价外,还应包括有关部门收取的相关费用等。

(二)商标权

商标是用来辨认特定的商品或劳务的标记。商标权是指专门在某类指定的商品或产品上使用特定的名称或图案的权利。商标经过注册登记,就获得了法律上的保护。为了加强商标管理,保护商标专用权,《中华人民共和国商标法》明确规定,经商标局核准注册的商标为注册商标,商标注册人享有商标专用权,受法律保护。

根据商标法的规定,商标可以转让,但受让人应当保证使用该注册商标的产品质量。如果购买他人的商标,一次性支出费用较大的,可以将其资本化,作为无形资产入账核算。这时,应根据购入商标的买价、支付的手续费以及其他有关的费用作为商标的成本。

(三)非专利技术

所谓非专利技术,一般情况下是指公众不知道的,在生产和经济活动的实践中已采用了的,在国内外不享有法律保护的各种技术知识和经验。

(四)土地使用权

土地使用权是指国家准许某一企业在一定期间内对国有土地享有开发、利用、经营的权利。任何单位和个人不得侵占、买卖或者以其他形式非法转让土地,国有土地可以依法确定给全民所有制单位或者集体所有制单位使用,国有土地和集体所有的土地可以依法确定给个人使用。国有土地和集体所有土地的使用权可依法转让。

(五)著作权

著作权又称版权,是指著作权人对其著作依法享有的出版、发行等方面的专有权利。著作权可以转让、出售或赠予。著作权包括发表权、署名权、修改权、保护作品完整权、使用权和获得报酬权。

（六）经营特许权

经营特许权也称专营权，是指在某一地区经营或销售某种特定商品的权利或是一家企业接受另一家企业使用其商标、商号、技术秘密等的权利。前者是由政府授权，例如，水电、邮电通讯等专营权和烟草专卖权等；后者是指企业间依照签订的合同，有限期或无限期使用另一家企业的某些权利，例如，连锁店的分店等。会计上的经营特许权主要是后一种情况。只有支付了费用取得的经营特许权才能作为无形资产入账。

名家实例 无形资产处在无形之中，让人感到无形资产难以运用到企业的经营中。另外，一个新型企业没有无形资产，能不能创造呢？答案是肯定的，无形资产完全可以创造，它与有形资产的不同正是在于以上的特点。有形资产可以直接购买，而无形资产虽说也可以购买，但是它是无市的，或者说是随机性的。如某品牌或某知名企业出售或转让，只是特定的或是一时的，尤其名牌，购买的机会是很少的。无形资产不好直接购买，但可以创造。联想集团花巨资购买了IBM的PC业务在企业界引起极大的震动，关注的焦点是IBM到底值不值几亿美元。实际上人们关注的还是有形资产的价值。而没有把无形资产计入在内。而联想的意图恰恰是看中了IBM无形资产的价值。联想集团是我国IT界的一流企业。但联想并不满足于国内的成绩，而要在国际市场上有所作为。联想登上世界舞台具备了一定的经济实力，但品牌知名度、销售渠道等要素仍需一定的时间。联想一举拿下IBM的PC业务，大大缩短了这个过程。联想就是要借IBM这个国际IT业巨子的名声，托起联想的国际知名度。联想的初步目标已经达到，联想收购IBM本身就是轰动国际市场的重大新闻。一个在国际市场并没有太大影响的中国企业竟然一举收购IBM的资产，如果没有强大的经济实力，IBM的PC也不会花落联想，联想借助IBM的巨大影响，已大步跨入国际市场，产品份额从无到有，比联想用自己的牌子打开国际市场大门要快得多。

二、无形资产核算的会计处理

商品流通企业的无形资产按原始价值入账。其作价原则如下。

① 投资者作为资本金或合作条件投入的无形资产，按评估确认或合同、协议及企业申请书约定的金额作价。

② 购入的无形资产，按实际支付的价款计价。

③ 按法律程序认可的自行开发无形资产过程中发生的实际净支出计价。

④ 接受捐赠、从境外引进的无形资产，按所附单据或参照市场同类无形资产价格经评估作价。

⑤ 土地使用权的投资价，一般以投资期间应上缴的土地使用费现值确定。

无形资产在计价时，需具备详细资料。包括所有权或使用权证书的复印件，作价的依据和标准。无形资产由于情况变动等原因需要评定重估价值时，应根据购入成本及该项资产的获利能力估价；自创或者自身拥有的未单独计算成本的无形资产（例如商誉），根据该项资产的获利能力评定重估价值。

为了核算无形资产的取得、摊销和处置等情况，企业应设置“无形资产”、“累计摊销”科目。

“无形资产”科目核算企业持有的无形资产成本，借方登记取得无形资产的实际成本，贷方登记出售无形资产转出的无形资产账面余额，期末借方余额反映企业无形资产的成本。该科目应按无形资产项目设置明细账，进行明细核算。

“累计摊销”科目属于“无形资产”的调整科目，核算企业对使用寿命有限的无形资产计提的累计摊销,贷方登记企业集体的无形资产摊销,借方登记处置无形资产转出的累计摊销,期末贷方余额,反映企业无形资产的累计摊销额。

此外,无形资产发生减值的,还应当设置"无形资产减值准备"科目进行核算。

(一)无形资产取得的会计处理

无形资产应当按照成本进行初始计量。商品流通企业取得无形资产的主要方式是外购。

商品流通企业外购无形资产,应按无形资产的成本进行核算。包括购买、相关税费以及直接归属于使该项资产达到预定用途所发生的其他支出。

例6－1　中东商业有限责任公司2011年8月购进一项专利权,支付的买价和有关费用合计1 500 000元,以银行存款支付。其账务处理如下。

借:无形资产——专利权　　1 500 000

　　贷:银行存款　　1 500 000

(二)无形资产摊销的会计处理

商品流通企业应当于取得无形资产时分析判断其使用寿命,使用寿命有限的无形资产应摊销,使用寿命不确定的无形资产不摊销,使用寿命有限的无形资产应当自可使用(即达到预定用途)当月开始摊销,处置当月不再摊销。

无形资产的摊销方法一般采用直线法和生产总量法。企业选择的无形资产的摊销方法,应当反映与该无形资产有关的经济利益的预期实现方式。无法可靠确定预期实现方式的,应当采用直线法摊销。

商品流通企业应当按月对无形资产进行摊销。无形资产的摊销额一般应当计入当期损益,企业自用的无形资产,其摊销金额计入管理费用;出租的无形资产,其摊销金额计入其他业务成本。

例6－2　中东商业有限责任公司2011年8月购买了一项商标权,成本为9 600 000元,合同规定受益年限为10年,则该企业每月摊销额为80 000元(9 600 000/10/12)。该企业每月摊销时,应编制会计分录如下。

借:管理费用——无形资产摊销　　80 000

　　贷:累计摊销　　80 000

例6－3　中东商业有限责任公司将该项商标出租给甲公司,双方约定的租赁期为10年,则每月摊销额不变,但每月的会计处理如下。

借:其他业务成本　　80 000

　　贷:累计摊销　　80 000

(三)无形资产出售的会计处理

商品流通企业拥有的无形资产可以依法转让。企业应将取得的价款扣除该项无形资产账面价值以及出售相关税费后的差额计入"营业外支出"或"营业外收入"科目。

例6－4　中东商业有限责任公司将其购买的一项特许经营权出售给乙企业,该无形资产账面原价为200 000元，已摊销60 000元，实际取得的出售收入为160 000元，款项已存入银行，出售无形资产的营业税率为5%，则该企业应做如下的会计处理。

借：银行存款	160 000	
累计摊销	60 000	
贷：无形资产		200 000
应交税费——应交营业税		8 000
营业外收入——非流动资产处理利得		4 000

想一想：

如果企业转让无形资产的使用权该如何进行账务处理？

（四）无形资产的减值

无形资产在资产负债表日存在可能发生减值的迹象时，其可收回的金额会低于账面价值，企业应当将该无形资产的账面价值调整至实际价值。减记的金额确认为减值损失，计入当期损益。借记"资产减值损失——计提无形资产减值准备"科目，贷记"无形资产减值准备"科目。无形资产减值损失一经确认，在以后的会计期间不得转回。

问一问：

商品流通企业应定期对无形资产的账面价值进行检查，至少于每年年末检查一次。对无形资产的可收回金额进行估计，交将无形资产的账面价值超过可收回金额的部分确认为减值准备。

任务三　其他资产的核算

任务目标

通过本任务的学习：

- 了解其他资产包括的内容。
- 长期待摊费用的账务处理。

业务认知

其他资产是指除货币资金、交易性金融资产、应收及预付款项、存货、长期股权投资、固定资产和无形资产等以外的资产，主要包括长期待摊费用等。

长期待摊费用是指企业已经发生但应由本期和以后各期负担的分摊期限在一年以上（不含

1 年）的各项费用。

除购置和建造固定资产以外，所有筹建期间发生的费用，应先在长期待摊费用中归集，待企业开始生产经营起一次计入开始生产经营当期的损益。

如果长期待摊费用项目不能使以后会计期间受益的，应当将尚未摊销的该项目的摊余价值全部转入当期损益。

为了核算和监督长期待摊费用的发生、摊销和结存等情况，企业应设置“长期待摊费用”科目，借方登记发生的各项长期待摊费用，贷方登记摊销数额，借方余额反映期末尚未摊销的长期待摊费用的余额。长期待摊费用科目下应按费用的种类设置明细账，进行明细核算。

长期待摊费用的会计处理比较简单，发生长期待摊费用时，借记“长期待摊费用”科目，贷记“银行存款”等科目。摊销时，借记“管理费用”等科目，贷记“长期待摊费用”科目。

例 6－5 中东商业有限责任公司以经营租赁方式租入一项固定资产，在对该项固定资产改良过程中发生以下支出：领用生产用原材料 100 000 元，相关的增值税是 17 000 元，工程人员的工资是 50 000 元。假如该项固定资产改良后租赁使用期是 5 年，则该企业应做的会计处理如下。

借：长期待摊费用	117 000	
贷：原材料		100 000
应交税费——应交增值税（进项税转出）		179 000
借：长期待摊费用	50 000	
贷：应付职工薪酬——工资		50 000

摊销时

借：管理费用	167 000	
贷：长期待摊费用		167 000

注意：查看2010年中国商品流通企业品牌价值排行榜。

任务训练

一、复习思考题

1. 什么是无形资产，包括哪些内容？
2. 商品流通企业无形资产有哪些特点？
3. 无形资产的摊销方法有哪些？
4. 其他资产包括哪些内容？
5. 什么是长期待摊费用？

二、实训操作

【目的】练习无形资产的取得、摊销、出售业务的核算。

【要求】根据以上经济业务编制会计分录。

【资料】中东商业有限责任公司发生下列业务。

① 8 月，中东商业有限责任公司向土地管理部门申请取得土地使用权，以银行存款 8 000 000 元支付土地出让金。

② 中东商业有限责任公司出售给 A 公司本企业的商标权，取得收入 370 000 元存入银行，营业税税率 5%（其他应交税金略）。该项商标权的账面原值 9 000 000 元，累计摊销 190 000 元。

③ 中东商业有限责任公司购买一项商标权，支付款项 750 000 元，有效期 10 年。买入 5 年后将其所有权转让出去，协商作价 1 000 000 元。

项目七

负债的核算

项目认知

通过本项目的学习，了解流动负债的概念与特点，掌握流动负债中的短期借款和应付职工薪酬的核算等；了解非流动负债的概念并掌握长期借款的核算。

负债是指过去的交易、事项形成的现时义务，履行该义务预期会导致经济利益流出企业。负债的发生往往伴随着资产或劳务的取得，或者费用、损失的发生。

会计上的负债与法律上的负债可能存在不同，往往具有更广泛的意义。按照国家统一的会计制度的规定，一些递延款项，例如递延所得税负债，并不具备法律意义上负债的性质。但在会计上作为负债核算。

负债可以按偿还期限长短的不同，分为流动负债和非流动负债两大类。

任务一　流动负债的核算

任务目标

通过本任务的学习：

- 了解流动负债的概念。
- 明确短期借款利息的处理及职工薪酬的计算。
- 掌握短期借款和应付职工薪酬的账务处理。

业务认知

流动负债是指将于一年或超过一年的一个营业周期内偿还的债务。流动负债应当以流动资产或承诺新的流动负债来偿付。因此，流动负债与流动资产或资产总额的比率具有重要的财务意义。

一、短期借款

（一）短期借款核算的内容

短期借款是指企业为了满足正常生产经营的需要，向银行或其他金融机构等借入的期限在一年以下（含一年）的各种借款。无论借入款项的来源如何，企业均需要向债权人按期偿还借款的本金及利息。在会计上，要及时并如实地反映款项的借入、利息的发生和本金及利息的偿还情况。

企业应设置“短期借款”科目，核算短期借款的借入及偿还情况。该科目贷方登记取得借款的本金数额，借方登记偿还借款的本金数额，余额在贷方，表示尚未偿还的借款本金数额。本科目应按照债权人设置明细账，并按借款种类进行明细核算。企业从银行或其他金融机构取得短期借款时借记“银行存款”科目，贷记“短期借款”科目。

在实际工作中，银行一般于每季度末收取短期借款利息，为此，企业的短期借款利息一般采用月末预提的方式进行核算。短期借款利息属于筹资费用，应记入“财务费用”科目。企业应当在资产负债表日按照计算确定的短期借款利息费用，借记“财务费用”科目，贷记“应付利息”科目；实际支付利息时，借记“应付利息”科目，贷记“银行存款”科目。

企业短期借款到期偿还本金时借记“短期借款”科目，贷记“银行存款”科目。

想一想：

在实际工作中，短期借款利息有几种支付方式？

（二）短期借款的会计处理

例 7-1 中东商业有限责任公司于 2011 年 1 月 1 日向银行借入一笔生产经营用短期借款共计 120 000 元，期限 9 个月，年利率 4%。根据与银行签署的借款协议，该项借款本金到期后一次性归还利息分月预提，按季支付。有关会计处理如下。

- 1 月 1 日借入短期借款

借:银行存款	120 000	
贷:短期借款		120 000

- 1 月末，计提 1 月份应计利息

借:财务费用	400	
贷:应付利息		400

本月应计提的利息金额 = 120 000 × 4% ÷ 12 = 400（元）

2 月末预提 2 月份利息的处理与 1 月份相同。

- 3 月末支付第一季度银行借款利息

借:财务费用	400	
应付利息	800	
贷:银行存款		1 200

第二、三季度的会计处理同上。

- 10 月 1 日偿还银行借款本金

借:短期借款	120 000	
贷:银行存款		120 000

如果上述借款期限是 8 个月。则到期日为 9 月 1 日，8 月末之前的会计处理与上述相同。9 月 1 日偿还银行借款本金，同时支付 7 月和 8 月已提未付利息。

借:短期借款	120 000	

应付利息　　　　800

贷：银行存款　　　　120 800

知识点拨

短期借款的偿还要严格按还款日期归还，对于企业拖欠未还的借款，企业应申请展期，如果无固拖欠，银行会加收罚息。

二、应付职工薪酬

（一）应付职工薪酬核算的内容

应付职工薪酬是指企业根据有关规定应付给职工的各种薪酬，包括职工工资、奖金、津贴和补贴、职工福利费、医疗、失业、工伤、生育等社会保险费，住房公积金，工会经费，职工教育经费，非货币性福利等因职工提供服务而产生的义务。从广义上讲，职工薪酬是企业必须付出的人力成本，是吸引和激励职工的重要手段，也就是说，职工薪酬既是职工对企业投入劳动获得的报酬，也是企业的成本费用。具体而言，职工薪酬主要包括以下几方面的内容。

1. 职工工资、奖金、津贴和补贴

职工工资、资金、津贴和补贴是指按照国家统计局《关于职工工资总额组成的规定》，构成工资总额的计时工资、计件工资、支付给职工的超额劳动报酬和增收节支的劳动报酬，为了补偿职工特殊或额外的劳动消耗和因其他特殊原则支付给职工的津贴，以及为了保证职工的工资水平不受物价影响支付给职工的物价补贴等。企业按规定支付给职工的加班加点工资以及根据国家法律、法规和政策规定，企业在职职工因病、工伤、产假、计划生育假、婚丧假、事假、探亲假、定期休假、停工学习、执行国家或社会义务等特殊情况下，按照计时工资或计件工资标准的一定比例支付的工资，也属于职工工资范畴，在职工休假或缺勤时，不应当从工资总额中扣除。

2. 职工福利费

职工福利费主要是尚未实行主辅分离、辅业改制的企业，内设医务室、职工浴室、理发室、托儿所等集体福利机构人员的工资、医务经费，职工因工负伤赴外地就医路费、职工生活困难补助，以及按照国家规定开支的其他职工福利支出。

3. 医疗保险、养老保险、失业保险费、工伤保险费和生育保险费等社会保险费

医疗保险、养老保险、失业保险费、工伤保险费和生育保险费等社会保险费是指企业按照国家规定的基准和比例计算，向社会保险经办机构交纳的医疗保险金、基本养老保险金、失业保险金、工伤保险费和生育保险费，以及根据《企业年金试行办法》、《企业年金基金管理试行办法》等相关规定，向有关单位（企业年金基金账户管理人）交纳的补充养老保险费。此外，以商业保险形式提供给职工的各种保险待遇也属于企业提供的职工薪酬。

4. 住房公积金

住房公积金是指企业按照国家《住房公积金管理条例》规定的基准和比例计算，向住房公积金管理机构交存的住房公积金。

5. 工会经费和职工教育经费

工会经费和职工教育经费是指企业为了改善职工文化生活、提高职工业务素质用于开展工

会活动和职工教育及职业技能培训，根据国家规定的基准和比例，从成本费用中提取的金额。

6. 非货币性福利

非货币性福利包括企业以自己的产品其他有形资产发放给职工作为福利、企业向职工提供无偿使用自己拥有的资产（例如，提供给企业高级管理人员的汽车和住房等）、企业为职工无偿提供商品或类似医疗保健的服务或向职工提供企业支付了一定补贴的商品或服务等，例如，以低于成本的价格向职工出售住房等。

7. 其他职工薪酬

比如因解除与职工的劳动关系给予的补偿（又称辞退福利），即由于企业分离办社会职工、实施主辅分离辅业改制分流安置富余人员、实施重组、改组计划、职工不能胜任等原因，企业在职工劳动合同到期之前解除与职工的劳动关系，或者为鼓励职工自愿接受裁减而提出补偿建议的计划中给予职工的经济补偿。对于这些其他职工薪酬的内容，本书暂不涉及。

（二）应付职工薪酬的核算

企业应当通过“应付职工薪酬”科目，核算应付职工薪酬的提取、结算和使用等情况。该科目贷方登记已分配计入有关成本费用项目的职工薪酬的数额，借方登记实际发放职工薪酬的数额，该科目期末贷方余额，反映企业应付未付的职工薪酬。“应付职工薪酬”科目应当按照“工资”、“职工福利”、“社会保险费”、“住房公积金”、“工会经费”、“职工教育经费”和“非货币性福利”等应付职工薪酬项目设置明细科目，进行明细核算。外商投资企业按规定从净利润中提取的职工奖励及福利基金，也在本科目核算。

1. 确认应付职工薪酬

① 货币性职工薪酬。企业应当在职工为其提供服务的会计期间，根据职工提供服务的受益对象，将应确认的职工薪酬（包括货币性薪酬和非货币性福利）计入相关资产成本或当期损益，同时确认为应付职工薪酬。具体分别如以下情况进行处理。

第一，管理部门人员的职工薪酬，借记“管理费用”科目，贷记“应付职工薪酬”科目。

第二，销售人员的职工薪酬，借记“销售费用”科目，贷记“应付职工薪酬”科目。

第三，外商投资企业按规定从净利润中提取的职工奖励及福利基金，借记“利润分配——提取的职工奖励及福利基金”科目，贷记“应付职工薪酬”科目。

例 7－2 中东商业有限责任公司 2011 年 3 月应付工资总额 260 000 元，工资费用分配汇总表中列示的企业行政管理人员工资为 160 000 元，销售人员工资为 100 000 元。其有关会计分录如下。

借：管理费用	160 000	
销售费用	100 000	
贷：应付职工薪酬——工资		260 000

企业在计量应付职工薪酬时，应当注意是否国家有相关的明确计提标准加以区别处理。一般而言，企业应向社会保险经办机构（或企业年金基金账户管理人）交纳的医疗保险费、养老保险费、失业保险费、工伤保险费、生育保险费等社会保险费，应向住房公积金管理中心交存的住房公积金，以及应向工会部门交纳的工会经费等，国家（或企业年金计划）统一规定了计提基础和计提比例，应当按照国家规定的标准计提；而职工福利费等职工薪酬，国家（或企业年金计划）没有明确规定计提基础和计提比例，企业应当根据历史经验数据和实际情况，合理预计当期应付职工薪酬。当期实际发生金额小于预计金额的，应当冲回多提的应付职工薪酬。

例 7-3 中东商业有限责任公司下设一所职工食堂,每月根据在岗职工数量及岗位分布情况、相关历史经验数据等计算需要补贴食堂的金额,从而确定企业每期因职工食堂而需要承担的福利费金额。2011 年 3 月,企业在岗职工共计 100 人,其中管理部门 30 人,销售人员 70 人,企业的历史经验数据表明,对于每个职工企业每月需补贴食堂 130 元。该企业有关会计分录如下。

借:管理费用	3 900	
销售费用	9 100	
贷:应付职工薪酬——职工福利		13 000

例 7-4 根据国家规定的计提标准计算,中东商业有限责任公司本月应向社会保险经办机构交纳职工社会基本养老保险费共计 20 000 元,其中,应计入管理费用的金额为 8 000 元,销售费用的金额 12 000 元。该企业有关会计处理如下。

借:管理费用	8 000	
销售费用	12 000	
贷:应付职工薪酬——社会保险费(基本养老保险)		20 000

② 非货币性职工薪酬。企业以其产品作为非货币性福利发放给职工的,应当根据受益对象,按照该商品的公允价值,计入相关资产成本或当期损益,同时确认应付职工薪酬,借记“管理费用”、“销售费用”等科目,贷记“应付职工薪酬——非货币性福利”科目。

将企业拥有的房屋等资产无偿提供给职工使用的,应当根据受益对象,将该住房每期应计提的折旧计入相关资产成本或当期损益,同时确认应付职工薪酬,借记“管理费用”、“销售费用”等科目,贷记“应付职工薪酬——非货币性福利”科目,并且同时借记“应付职工薪酬——非货币性福利”科目,贷记“累计折旧”科目。

租赁住房等资产供职工无偿使用的,应当根据受益对象,将每期应付的租金计入相关资产成本或当期损益,并确认应付职工薪酬,借记“管理费用”、“销售费用”等科目,贷记“应付职工薪酬——非货币性福利”科目。

难以认定受益对象的非货币性福利,直接计入当期损益和应付职工薪酬。

例 7-5 中东商业有限责任公司共有职工 100 名,其中 30 名为管理人员,70 名为销售人员。2011 年 2 月该公司以其购入的每台成本为 900 元的电暖器作为春节福利发放给公司每名职工,该型号的电暖器市场售价为每台 1 000 元,该公司适用的增值税税率为 17%。则该公司的有关会计分录如下。

借:管理费用	35 100	
销售费用	81 900	
贷:应付职工薪酬——非货币性福利		117 000

本例中,应确认的应付职工薪酬 = 100 × 1 000 × 17% + 100 × 1 000 = 117 000(元)

其中,应计入“管理费用”科目的金额 = 30 × 1 000 × 17% + 30 × 1 000 = 35 100(元)

应计入“销售费用”科目的金额 = 70 × 1 000 × 17% + 70 × 1 000 = 81 900(元)

例 7-6 中东商业有限责任公司为各部门经理级别以上职工提供汽车免费使用,同时为高级管理人员每人租赁一套住房。公司共有部门经理以上职工 10 名,每人提供一辆桑塔纳汽车免费使用,假定每辆桑塔纳汽车每月计提折旧 1 000 元;该公司高级管理人员 5 名,公司为其每人租赁一套面积为200平方米带有家具和电器的公寓，月租金为每套8 000元。该公司有关的会计分录如下。

借：管理费用　50 000
　贷：应付职工薪酬——非货币性福利　50 000
借：应付职工薪酬——非货币性福利　10 000
　贷：累计折旧　10 000

应确认的应付职工薪酬 $=10\times1\,000+5\times8\,000=50\,000$（元）

提供的汽车供职工使用的非货币性福利 $=10\times1\,000=10\,000$（元）

租赁住房供职工使用的非货币性福利 $=5\times8\,000=40\,000$（元）

此外，该公司将其拥有的汽车无偿提供给职工使用的，还应当按照该部分非货币性福利10 000元，借记“应付职工薪酬——非货币性福利”科目，贷记“累计折旧”科目。

2. 发放职工薪酬

① 支付职工工资、奖金、津贴和补贴。企业按照有关规定向职工支付工资、奖金、津贴等，借记“应付职工薪酬——工资”科目，贷记“银行存款”、“库存现金”、“其他应收款”、“应交税费——应交个人所得税”等科目。

在实务中，企业一般在每月发放工资前，根据“工资结算汇总表”中的“实发金额”栏的合计数向开户银行提取现金，借记“库存现金”科目，贷记“银行存款”科目，然后再向职工发放。

例7-7　中东商业有限责任公司企业根据“工资结算汇总表”2011年3月应付工资总额为260 000元，代扣职工房租18 000元，企业代垫职工家属医药费2 000元，实发工资240 000元。该企业的会计处理如下。

- 向银行提取现金

借：库存现金　240 000
　贷：银行存款　240 000

- 发放工资，支付现金

借：应付职工薪酬——工资　240 000
　贷：库存现金　240 000

- 代扣款项

借：应付职工薪酬——工资　20 000
　贷：其他应收款——职工房租　18 000
　　　　　　——代垫医药费　2 000

② 支付职工福利费。企业向职工食堂、职工医院、生活困难职工等支付职工福利费时，借记“应付职工薪酬——职工福利”科目，贷记“银行存款”、“库存现金”等科目。

例7-8　2011年4月，中东商业有限责任公司以现金支付职工张玲生活困难补助900元。该公司有关会计分录如下。

借：应付职工薪酬——职工福利　900
　贷：库存现金　900

例7-9　承例7-2，中东商业有限责任公司下设一所职工食堂，每月根据在岗职工数量及岗位分布情况、相关历史经验数据等计算需要补贴食堂的金额，从而确定每期因职工食堂而需要承担的福利费等金额。2011 年 10 月，该公司共支付 13 000 元补贴给食堂。则该公司有关会计分录如下。

借：应付职工薪酬——职工福利　　13 000
　　贷：库存现金　　13 000

3. 支付工会经费、职工教育经费和缴纳社会保险费、住房公积金

企业支付工会经费和职工教育经费用于工会运作和职工培训，或按照国家有关规定交纳社会保险费或住房公积金时借记“应付职工薪酬——工会经费（或职工教育经费、社会保险费、住房公积金）”科目，贷记“银行存款”、“库存现金”等科目。

例 7-10　中东商业有限责任公司以银行存款交纳参加职工医疗保险的医疗保险 20 000元，该公司有关会计分录如下。

借：应付职工薪酬——社会保险费　　20 000
　　贷：银行存款　　20 000

4. 发放非货币性福利

企业以外购产品作为职工薪酬发放给职工时，应确认主营业务收入，借记“应付职工薪酬——非货币性福利”科目，贷记“主营业务收入”科目，同时结转相关成本，涉及增值税销项税额的，还应进行相应的处理。

企业支付租赁住房等资产供职工无偿使用所发生的租金，借记“应付职工薪酬——非货币性福利”科目，贷记“银行存款”等科目。

例 7-11　承例 7-5，中东商业有限责任公司向职工发放电暖器作为福利，应确认主营业务收入，同时要根据相关税收规定，计算增值税销项税额。该公司有关会计分录如下。

借：应付职工薪酬——非货币性福利　　117 000
　　贷：主营业务收入　　100 000
　　　　应交税费——应交增值税（销项税）　　17 000
借：主营业务成本　　90 000
　　贷：库存商品——电暖器　　90 000

该公司应确认的主营业务收入 = 100 × 1 000 = 100 000（元）

该公司应确认的增值税销项税额 = 100 × 1 000 × 17% = 17 000（元）

该公司应结转的销售成本 = 100 × 900 = 90 000（元）

例 7-12　承例 7-6，中东商业有限责任公司每月支付高级管理人员住房租金时，该公司有关会计分录如下。

借：应付职工薪酬——非货币性福利　　40 000
　　贷：银行存款　　40 000

任务二 非流动负债的核算

任务目标

通过本任务的学习：

- 了解非流动负债概念及分类。
- 明确长期借款利息费用的处理。
- 掌握长期借款的账务处理。

业务认知

非流动负债是指偿还期在1年或者超过1年的一个营业周期以上的债务，包括长期借款、应付债券和长期应付款等。多数非流动负债是由于长期性的经营活动（例如建设新厂房）所导致的。这些活动收回投资所需时间较长，因而通常需要以长期资金支持，以免发生财务困难。而企业的长期资金来源除了所有者权益之外，全部为非流动负债，因此非流动负债在企业的经营活动中发挥着重要作用。

一、长期借款

长期借款是指企业向银行等金融机构借入的偿还期在1年以上的各种款项，一般用于固定资产的购建、改扩建工程、大修理工程、对外投资以及为了保持长期经营能力等方面。它是企业长期负债的重要组成部分，必须加强管理与核算。

（一）长期借款核算的内容

为了总括地反映和监督企业长期借款的借入、应计利息和归还本息的情况，应设置“长期借款”科目。本科目的贷方登记长期借款本金的增加额，借方登记本金的减少额，贷方余额表示企业尚未偿还的长期借款的本金。本科目应当按照贷款单位设置明细账，并按借款种类进行明细分类核算。

由于长期借款的使用关系到企业的生产经营规模和效益，企业除了要遵守有关的贷款规定、编制借款计划并要有不同形式的担保外，还应监督借款的使用、按期支付长期借款的利息以及按规定的期限归还借款本金等。因此，长期借款核算的基本要求是反映和监督企业长期借款的借入、借款利息的结算和借款本息的归还情况，促使企业遵守信贷纪律、提高信用等级，同时也要确保长期借款发挥效益。

（二）长期借款的会计处理

1. 取得长期借款

企业借入长期借款并将取得的款项存入银行时，应借记“银行存款”科目，贷记“长期借款”科目；如果已经直接将借款购置了固定资产或用于在建工程项目，则应借记“固定资产”或“在建工程”科目，贷记“长期借款”科目。

例 7－13　中东商业有限责任公司 2011 年 11 月 30 日从工商银行借入资金 4 000 000 元，借款期限为 3 年，年利率为 8.4%（到期一次还本付息，不计复利）。所借款项已存入银行。企业用该借款于当日购买不需安装的设备一台，价款 3 000 000 元，增值税税额 510 000 元，另支付运杂费及保险等费用 100 000 元，设备已于当日投入使用。有关会计处理如下。

- 取得借款时

借：银行存款	4 000 000	
贷：长期借款		4 000 000

- 支付设备款和运杂费、保险费时

借：固定资产	3 100 000	
应交税费——应交增值税（进项税额）	510 000	
贷：银行存款		3 610 000

2. 长期借款利息的处理

长期借款所发生的利息支出，应当按权责发生制的原则按期预提并计入有关科目。属于筹建期间的，借记“管理费用”科目，贷记“应付利息”科目。属于生产经营期间的，借记“财务费用”科目，贷记“应付利息”科目。如果长期借款用于购建、改扩建固定资产的，在固定资产尚未达到预定可使用状态前，应计算所发生的应当资本化的利息支出数，计入所购建或改扩建固定资产的价值，借记“在建工程”科目，贷记“应付利息”科目；固定资产达到预定可使用状态后发生的利息支出，以及按规定不能予以资本化的利息支出，应借记“财务费用”科目，贷记“应付利息”科目。

例 7－14　承例 7－13，中东商业有限责任公司于 2011 年 12 月 31 日计提借款利息。该企业有关的会计分录如下。

借：财务费用	28 000	
贷：应付利息		28 000

2011 年 12 月 31 日计提的长期借款利息 = 4 000 000 × 8.4% ÷ 12 = 28 000（元）

2012 年 1 月至 2014 年 10 月月末计提利息分录同上。

3. 归还长期借款

归还长期借款的本金和利息时，应按归还的金额，借记“长期借款”、“财务费用”等科目，贷记“银行存款”科目。

例 7－15　承例 7－14，2014 年 11 月 30 日，中东商业有限责任公司偿还该笔银行借款本息。该公司有关的会计分录如下。

借：财务费用	28 000	
长期借款——本金	4 000 000	
应付利息	980 000	
贷：银行存款		5 008 000

任务训练

一、复习思考题

1. 什么是短期借款,短期借款利息费用在实际工作中是如何处理的?
2. 应付职工薪酬包括哪些内容?
3. “五险一金”都包括哪些?
4. 非货币性福利都包括哪些?
5. 什么是长期借款,长期借款利息费用包括哪几种情况?

二、实训操作

1. 某公司2011年1月1日向银行借入1 200万元,期限9个月,年利率6%。该借款到期后按期如数归还,利息分月预提,按季支付。

要求:编制借入款项、按月预提利息、按季支付利息和到期归还本金的会计分录(金额单位用万元)。

2. 某公司2011年发生的长期借款和仓库建造业务如下。

① 2011年1月1日,为建造一幢仓库从银行取得长期借款800万元,期限3年,合同年利率6%(合同利率等于实际利率),不计复利,每年末计提并支付利息一次,到期一次还本。

② 2011年1月1日,开始建造仓库,当日用该借款购买工程物资500万元(不考虑增值税),全部用于工程建设,同时支付工程款300万元。

③ 2011年12月31日仓库工程完工并验收合格,达到预定可使用状态。仓库达到预定可使用状态前发生的借款利息全部予以资本化。该仓库预计使用年限20年,预计净残值为8万元,采用平均年限法计提折旧。

要求:

① 编制取得长期借款的会计分录。

② 编制2011年12月31日计提长期借款利息的会计分录。

③ 计算仓库完工交付使用时的入账价值及会计分录。

④ 计算仓库2012年应计提的折旧额及会计分录。

⑤ 编制2012年12月31日计提长期借款利息的会计分录。

注意:答案中的金额单位用万元表示。

3. 某公司为增值税一般纳税人,适用的增值税税率为17%。2011年3月发生与职工薪酬有关的交易或事项如下。

① 对行政管理部门使用的物品进行日常维修,应付公司内部维修人员工资1.2万元。

② 为公司总部下属5名部门经理每人配备汽车一辆免费使用,假定每辆汽车每月计提折旧0.08万元。

③ 将50台V型厨房清洁器作为福利分配给本公司行政管理人员。该厨房清洁器每台成本1.2万元,市场售价1.5万元(不含增值税)。

④ 月末,分配职工工资50万元,其中行政管理人员35万元,销售机构人员15万元。

⑤ 按上述工资总额的14%计提职工福利费。

⑥ 以银行存款交纳职工医疗保险费5万元。

⑦ 按规定计算代收代交职工个人所得税 0.8 万元。

⑧ 以库存现金支付职工李吉生活困难补助 0.1 万元。

⑨ 从应付张经理的工资中，扣回上月代垫的应由其本人负担的医疗费 0.8 万元。

⑩ 以银行存款上交个人所得税 0.8 万元。

要求：编制某公司 2011 年 3 月上述交易或事项的会计分录。

注意："应交税费"科目要求写出明细科目和专栏名称，答案中的金额单位用万元表示。

项目八 所有者权益的核算

项目认知

通过本项目学习，了解所有者权益的核算内容，掌握投入资本的方式与计价，资本公积的构成及盈余公积的形成等内容，掌握其账务处理方法。

任务一　所有者权益概述

任务目标

通过本任务的学习：

- 了解所有者权益的概念。
- 明确负债和所有者权益的区别。
- 掌握所有者权益的具体内容。

业务认知

一、所有者权益的概念

所有者权益是指企业投资人（或投资者）对企业净资产的所有权。而净资产则是企业的全部资产减去负债后的差额。净资产包括企业投资人对企业投入资本以及形成的资本公积金、盈余公积金和未分配利润。即：

企业净资产 = 企业全部资产 − 负债

= 实收资本 + 资本公积 + 盈余公积 + 未分配利润

将上式公式移项后，可得：

企业资产 = 负债 + 净资产

这是会计方程公式，也是编制资产负债表的基础。

所有者权益和负债都是对企业资产的要求权，在资产负债表上都反映在右方，负债和所有者权益的合计总额等于资产总额。但是，负债和所有者权益之间又存在着明显的区别，主要区别如下。

① 对象不同。负债是对债权人负担的经济责任；所有者权益是对投资人负担的经济责任。

② 性质不同。负债是在企业经营或其他事项中发生的债务，是债权人对其债务的权利；所有者权益是投资者对投入的资本及其投入资本的运用所产生的盈余（或亏损）的权利。

③ 偿还期限不同。负债必须于一定时期(特定日期或确定的日期)偿还;所有者权益一般只有在企业解散清算时(除按法律程序减资等外),其破产财产在偿付了破产费用、债权人的债务等以后,如有剩余财产,才可能还给投资者,在企业持续经营的情况下,一般不能收回投资。

④ 享受的权利不同。债权人只享有收回债务本金和利息的权利。而无权参与企业收益分配;所有者权益在某些情况下,除了可以获得利益外,还可参与经营管理。

二、所有者权益的具体内容

所有者权益包括来源于所有者投入的资本、直接计入所有者权益的利得和损失、留存收益等。直接计入所有者权益的利得和损失是指不应计入当期损益、会导致所有者权益发生增减变动的、与所有者投入资本或者向所有者分配利润无关的利得或者损失。

所有者权益可分为实收资本(或股本)、资本公积、盈余公积和未分配利润等部分。其中,盈余公积和未分配统称为留存收益。

任务二　投入资本的核算

任务目标

通过本任务的学习:

- 了解投入资本的概念。
- 明确投入资本的内容。
- 掌握投入资本的核算。

业务认知

一、投入资本的概念及内容

(一) 投入资本

投入资本是指国家、其他单位或个人以所有者的身份采用一定方式投入企业的资本。它是企业注册资本金的来源。注册资本金是指企业在工商行政管理部门登记注册的资金总额,简而言之,资本金就是注册资金。股份制企业的投入资本金表现为股本。

(二) 投投入资本的内容

它包括国家投入、其他单位投入、个人投入和外商投入的资本四部分。股份制企业投入资本的内容则表现为国家股、法人股、个人股以及外资股。

(三) 投投入资本的方式

投资者可采用各种方式对企业投资。例如,用现金(包括银行存款)、材料、有价证券、固定资产、无形资产等进行投资，但除现金（包括银行存款）外，需通过资产评估机构进行评估，并呈报国有资产管理局审核。

【小案例】甲公司设立于2006年，当年收到H公司作为资本投入的设备作价人民币80万元，占甲公司注册资本的1%。由于甲公司经营不善，连续三年亏损，给投资各方带来直接损失，H公司强调由于所占资本份额较小，要求撤回投资。

二、投入资本的核算

为了反映投资者投入资本的情况，除股份有限公司对股东投入资本应设置"股本"科目外，其余企业对所有者投入的资本设置"实收资本"科目进行核算。该科目属于所有者权益类科目，贷方登记实际收到投资者投入和按法定程序转增之数，借方登记投资者按法定程序批准转出之数。余额在贷方，反映投资者投入的资本总额，该科目应按投资者设置明细账。

> 小知识：如果是股份制企业，企业发行股票筹集的资金通过设置的"股本"科目核算。

投入企业的资本金，除下列情况外，不得随意变动。

① 符合增资条件，并经有关部门批准增资。

② 企业按法定程序报经批准减少注册资本。

企业收到所有者投入企业的资本后，应根据有关原始凭证（例如，投资清单、银行通知单等），分别以不同的出资方式进行会计处理。

（一）投入现金的核算

企业接受的投资人的现金应当以企业收到或存入银行的金额和日期作为记账依据。如果收到的是外币，在以人民币为记账本位币时，应按企业收到投资或存入银行时的当天外汇牌价或当月1日的外汇牌价折合人民币记账。收到或存入银行的款项时，应借记"现金"、"银行存款"科目、贷记"实收资本"科目。

例8－1　中东商业有限责任公司收到投资人甲投入的货币资金180 000元，款项已存入银行。编制会计分录如下。

借：银行存款	180 000	
贷：实收资本		180 000

例8－2　中东商业有限责任公司又收到外商投入的30 000美元，当日国家外汇牌价为1∶7。编制会计分录如下。

借：银行存款——美元户（＄30 000×7）	210 000	
贷：实收资本——外商投资（＄30 000×7）		210 000

（二）投入实物的核算

企业收到投资人的实物投资时，按经双方验资评估确定的价值为实收资本，如果评估确认价高于投资者在被投资企业享有的注册资本的份额，其差额属于资本溢价，计入"资本公积"。因此，当接受投资者投入实物时，借记"固定资产"、"原材料"等科目，贷记"实收资本"科目。

例 8－3　中东商业有限责任公司收到投资人乙投入的固定资产，合同约定该机器设备的价值为 900 000 元，增值税进项税额为 153 000 元（允许抵扣）。不考虑其他因素。编制会计分录如下。

借：固定资产　　900 000
　　应交税费——应交增值税（进项税额）　　153 000
　贷：实收资本　　1 053 000

例 8－4　中东商业有限责任公司收到投资人丙投入的原材料一批，投资合同或协议约定价值（不含可抵扣的增值税进项税额部分）为 200 000 元，增值税进项税额为 34 000 元。该进项税额允许抵扣，不考虑其他因素。编制会计分录如下。

借：原材料　　200 000
　　应交税费——应交增值税（进税税额）　　34 000
　贷：实收资本　　234 000

（三）投入无形资产的核算

无形资产投资应按评估确认的价值入账，入账时间为实际收到无形资产的有关凭证日期。其账户处理为借记"无形资产"科目，贷记"实收资本"科目。

例 8－5　中东商业有限责任公司收到投资人丁投入的无形资产，投资合同约定价值为 500 000 元，合同约定的价值与公允价值相符，不考虑其他因素。编制会计分录如下。

借：无形资产　　500 000
　贷：实收资本　　500 000

想一想：
假设企业对外投出原材料、库存商品等实物，该如何核算？

任务三　资本公积的核算

任务目标

通过本任务的学习：

- 了解资本公积的概念。
- 明确资本公积核算包括的内容。
- 掌握资本公积的核算。

业务认知

一、资本公积的核算

（一）资本公积的概念

资本公积是企业收到投资者的超出其在企业注册资本(或股本)中所占份额的投资,以及直接计入所有者权益的利得和损失等。资本公积包括资本溢价(或股本溢价)和直接计入所有者权益的利得和损失等。

资本溢价(或股本溢价)是企业收到投资者的超出其在企业注册资本(或股本)中所占份额的投资。形成资本溢价(或股本溢价)的原因有溢价发行股票、投资者超额交入资本等。

直接计入所有者权益的利得和损失是指不应计入当期损益、会导致所有者权益发生增减变动的、与所有者投入资本或者向所有者分配利润无关的利得或者损失。

资本公积的核算包括资本溢价(或股本溢价)的核算、其他资本公积的核算和资本公积转增资本的核算等内容。

（二）资本公积的核算

企业应设置"资本公积"科目,该科目属所有者权益类账户,以反映企业资本公积金增减情况。该科目贷方登记资本公积的增加额,借方登记资本公积的减少额。余额在贷方,表示企业实有的资本公积金。该科目可以按资本公积的类别(例如,资本溢价、其他资本公积等)设置明细科目,进行明细核算。

二、资本溢价(或股本溢价)的核算

（一）资本溢价

除股份有限公司外的其他类型的企业,在企业创立时,投资者认交的出资额与注册资本一致,一般不会产生资本溢价。但在企业重组或有新的投资者加入时,常常会出现资本溢价。因为在企业进行正常生产经营后,其资本利润率通常要高于企业初创阶段,另外,企业有内部积累,新投资者加入企业后,对这些积累也要分享,所以新加入的投资者往往要付出大于原投资者的出资额,才能取得与原投资者相同的出资比例。投资者多交的部分就形成了资本溢价。

例 8-6 假设中东商业有限责任公司由两位投资者投资 800 000 元设立,每人各出资 400 000 元。一年后,为扩大经营规模,经批准,注册资本增加到 1 200 000 元,并引入第三位投资者加入。按照投资协议,新投资者需交入现金 450 000 元,同时享有该公司三分之一的股份。公司已收到该现金投资。假定不考虑其他因素,编制会计分录如下。

借:银行存款	450 000	
贷:实收资本		400 000
资本公积——资本溢价		50 000

（二）股本溢价

股份有限公司是以发行股票的方式筹集股本的，股票可按面值发行，也可按溢价发行，我国目前不准折价发行。与其他类型的企业不同，股份有限公司在成立时可能会溢价发行股票，因而在成立之初，就可能会产生股本溢价。股本溢价的数额等于股份有限公司发行股票时实际收到的款额超过股票面值总额的部分。

在按面值发行股票的情况下，企业发行股票取得的收入，应全部作为股本处理；在溢价发行股票的情况下，企业发行股票取得的收入，等于股票面值部分作为股本处理，超出股票面值的溢价收入应作为股本溢价处理。

例 8－7 华辰公司股份有限公司首次公开发行了普遍股 1 000 000 股，每股面值 1 元，每股发行价格为 6 元。公司以银行存款支付发行手续费、咨询费等费用共计 200 000 元。假定发行收入已全部收到，发行费用已全部支付，不考虑其他因素，编制会计分录如下。

- 收到发行收入时

借：银行存款	6 000 000	
贷：股本		1 000 000
资本公积——股本溢价		5 000 000

应增加的资本公积 = 1 000 000 × (6 － 1) = 5 000 000（元）

- 支付发行费用时

借：资本公积——股本溢价	200 000	
贷：银行存款		200 000

三、资本公积转增资本的核算

经股东大会或类似机构决议，用资本公积转增资本时，应冲减资本公积，同时按照转增前的实收资本（或股本）的结构或比例，将转增的金额记入“实收资本”（或“股本”）科目下各所有者的明细分类账。

例 8－8 假设甲、乙、丙三人（按 1:2:3 比例）共同投资设立云峰有限责任公司，因扩大经营规模需要，经批准将资本公积 600 000 元转增资本。

借：资本公积	600 000	
贷：实收资本——甲		100 000
——乙		200 000
——丙		300 000

任务四　留存收益的核算

任务目标

通过本任务的学习：

- 了解留存收益包括的内容及盈余公积的概念。
- 明确利润分配的顺序、盈余公积的提取及使用。
- 掌握盈余公积的核算。

业务认知

留存收益包括盈余公积和未分配利润两个部分。

一、利润分配

利润分配是指企业根据国家有关规定和企业章程、投资者协议等，对企业当年可供分配的利润所进行的分配。

可供分配的利润 = 当年实现的净利润 + 年初未分配利润（或 - 年初未弥补亏损）+ 其他转入

利润分配的顺序如下。

① 提取法定盈余公积。

② 提取任意盈余公积。

③ 向投资者分配利润。

未分配利润是经过弥补亏损、提取法定盈余公积、提取任意盈余公积和向投资者分配利润等利润分配之后剩余的利润，它是企业留等以后年度进行分配的历年结存的利润。相对于所有者权益的其他部分来说，企业对于未分配利润的使用有较大的自主权。

企业应通过“利润分配”科目，核算企业利润的分配（或亏损的弥补）和历年分配（或弥补）后的未分配利润（或未弥补亏损）。该科目应分别设置“提取法定盈余公积”、“提取任意盈余公积”、“应付现金股利或利润”、“盈余公积补亏”、“未分配利润”等进行明细核算。年度终了，企业应将全年实现的净利润或发生的净亏损，自“本年利润”科目转入“利润分配——未分配利润”科目，并将“利润分配”科目所属其他明细科目的余额，转入“未分配利润”明细科目。结转后“利润分配——未分配利润”科目如果为贷方余额，表示累积未分配的利润数额；如果为借方余额，则表示累积未弥补的亏损数额。

二、盈余公积

（一）盈余公积的概念

盈作公积是指企业按规定从净利润中提取的企业积累资金。公司制企业的盈余公积包括法定盈余公积和任意盈余公积。

按照《公司法》有关规定，公司制企业应当按照净利润（减弥补以前年度亏损，下同）的 10% 提取法定盈余公积。非公司制企业法定盈余公积的提取比例可超过净利润的 10%。

想一想：

计算提取法定盈余公积的基数时，是否包括企业年初未分配利润？

公司制企业可根据股东大会决议提取任意盈余公积。非公司制企业经类似权力机构批准，也可提取任意盈余公积。法定盈余公积和任意盈余公积的区别在于其各自计提的依据不同，前者以国家的法律法规为依据；后者由企业的权力机构自行决定。

企业提取的盈余公积经批准可用于弥补亏损、转增资本、发放现金股利或利润等。

相关链接：当法定盈余公积金累计额为注册资本的50%以上时，可不再提取。

1. 法定盈余公积

法定盈余公积是强制提存的，企业盈余公积应按照企业交纳所得税后的利润，扣除被没收的财产损失，支付各项税收的滞纳金和罚款，以及弥补企业以前年度亏损后的余额，提取率为 10%。法定盈余公积不足以弥补上一年度亏损的，应当用当年利润弥补亏损后，再提取法定盈余公积。原则上必须每年计提。

2. 任意盈余公积

任意盈余公积是在提取法定盈余公积后，经股东会议决议，可提取的任意盈余公积，其目的是为了应付经营风险和不测。

（二）盈余公积的核算

为了全面反映企业盈余公积的形成和使用情况，应设置“盈余公积”科目。本科目核算企业提取和使用的盈余公积。属所有者权益类账户，借方登记企业盈余公积的使用情况，贷方登记企业盈余公积的形成情况，余额在贷方反映企业实有的盈余公积金。该科目设置“法定盈余公积”和“任意盈余公积”两个明细科目，进行明细分类核算。

1. 盈余公积提取的核算

提取时借记“利润分配”科目，贷记“盈余公积”科目。

例 8－9　中东商业有限责任公司某年盈利 1 500 000 元，按 25% 交纳所得税 375 000 元，用税后利润弥补以前年度亏损 80 000 元，按净利润的 10% 提取法定盈余公积[（1 500 000 － 375 000 － 80 000）× 10% ＝ 104 500（元）]。编制会计分录如下。

借：利润分配——提取盈余公积　　　　104 500

　　贷:盈余公积——法定盈余公积　　　　　　　　　　　　104 500

2. 盈余公积使用的核算

盈余公积可用于弥补企业亏损和转增资本金。当企业用本年利润不足以弥补历年亏损时，可用盈余公积弥补。弥补时，按弥补金额借记“盈余公积”科目，贷记“利润分配”科目。

例 8－10　盈余公积金 10 000 元弥补亏损。编制会计分录如下。

借:盈余公积——法定盈余公积　　　　　　　　　　10 000

　　贷:利润分配——盈余公积补亏　　　　　　　　　　10 000

根据规定，盈余公积可用于转增资本金。但转增后留存企业的盈余公积不得少于注册资本的 25%。当企业用盈余公积转增资本金时，借记“盈余公积”科目，贷记“实收资本”科目。

例 8－11　中东商业有限责任公司用将盈余公积 60 000 元转增资本。编制会计分录如下。

借:盈余公积——法定盈余公积　　　　　　　　　　60 000

　　贷:实收资本　　　　　　　　　　　　　　　　　60 000

例 8－12　中东商业有限责任公司董事会决定按税后利润的 50% 向投资者分配利润。税后可供分配的利润为 1 125 000 元。

- 宣告分派股利时

借:利润分配——应付股利　　　　　　　　　　　　562 500

　　贷:应付股利　　　　　　　　　　　　　　　　　562 500

- 支付股利时

借:应付股利　　　　　　　　　　　　　　　　　　562 500

　　贷:银行存款　　　　　　　　　　　　　　　　　562 500

知识链接：

其他资本公积是指除资本溢价（或股本溢价）项目以外所形成的资本公积，其中主要是直接计入所有者权益的利得和损失。例如，长期股权投资的权益法核算，在持股比例不变的情况下，对因被投资单位除净损益以外的所有者权益的其他变动，借记“长期股权投资”，贷记“资本公积——其他资本公积”或做相反记录。处置长期股权投资时，需要转出“资本公积——其他资本公积”。

任务训练

一、复习思考题

1. 什么是所有者权益？所有者权益包括哪些内容？
2. 负债及所有者权益的区别是什么？
3. 什么是注册资本金？
4. 投入资本的内容有哪些？

5. 什么是资本公积?
6. 什么是资本溢价?
7. 什么是盈余公积?
8. 法定盈余公积和任意盈余公积有什么区别?
9. 利润分配的顺序是怎样的?

二、实训操作

1. 某企业收到投资者投入的30 000元现金。

2. 某企业收到国家投入的汽车10辆,共计650 000元。验收后拨给运输车队使用。

3. 某企业收到其他单位投入的固定资产,投出单位账面原价20 000元,已提折旧4 000元,评估确认价为8 000元。

4. 某企业接受投资人投入的专有技术,核定其价值100 000元。

5. 某公司收到某企业投来车床一台,账面价值35 000元,累计折旧5 000元,经评估确认价值为38 000元。

6. 某企业经批准将50 000元资本公积金转增国家资本。

7. 甲、乙两个企业各出资1 000 000元,创建A企业,创业三年后盈利颇丰,现准备扩大企业经营规模,由丙企业出资1 500 000元现款,款已存入银行。经协商,丙企业获A企业股权的1/3。

8. 益民公司股份有限公司首次公开发行了普遍股2 000 000股,每股面值1元,每股发行价格为6元。公司以银行存款支付发行手续费、咨询费等费用共计200 000元。假定发行收入已全部收到,发行费用已全部支付,不考虑其他因素。

9. 某股份有限公司2008年度赢利600 000万元。该企业按25%计算交纳所得税(假设无纳税调整事项),按税后利润的10%提取法盈余公积金。

10. 某企业经批准用盈余公积弥补以前年度亏损52 600元。

11. 某企业按税后利润的50%向投资者分配利润。

根据以上经济业务编制会计分录。

项目九 费用和税金的核算

项目认知

通过本项目的学习，应了解商品流通企业各项费用有哪些，应上交的税金又有哪些。掌握各项费用的核算方法与各项税金的计算方法，明确商品流通企业的费用与税金的核算和工业企业的费用与税金核算的区别。

任务一　费用的核算

任务目标

通过本任务的学习：

- 了解什么是费用，商品流通企业的费用有哪些。
- 熟悉各项费用的核算方法。
- 掌握发生各项费用的账务处理。

业务认知

一、费用概述

（一）费用的概念

商品流通企业的费用是指企业在业务经营过程中发生的各种必要耗费的货币表现，包括销售费用、管理费用和财务费用。

商品流通企业发生的各项费用支出是影响其盈亏的重要因素，费用支出的多少，直接影响企业的财务成果。正确核算企业的费用，对于加强企业的经营管理、降低费用水平、提高经济效益具有重要意义。

（二）费用开支的范围

费用的范围，主要有以下几项。

① 支付给流通领域工作人员的劳动报酬。例如，工资、福利费以及属于工资性质的津贴和奖金。

② 支付给其他企业、单位和个人为商品流通提供服务的各种费用。例如，包装费、广告费、

水电费和手续费等。

③ 商品流通企业在业务经营过程中发生的物质耗费和管理费用。例如,折旧费、低值易耗品摊销费、修理费、印刷费和差旅费等。

④ 商品在运输、保管和销售过程中的损耗。

⑤ 支付的利息、保险费和职工待业保险金。

⑥ 以费用列支的税金。

⑦ 经财政部门批准列入的其他费用。

根据国家有关规定,商品流通企业的下列支出不得列入费用。

① 为购置、自行研制、建造固定资产、无形资产和其他资产发生的支出。

② 对外投资支出。

③ 赞助和捐赠支出。

④ 支付的赔偿金、违约金、罚款和滞纳金等。

⑤ 被没收的财物损失。

⑥ 国家规定不得列入成本费用的其他支出。

(三) 费用的内容

现行财务会计制度规定,商品流通企业的费用分为经营费用(销售费用)、管理费用和财务费用。其具体内容如下。

1. 经营费用(销售费用)

经营费用(销售费用)是指商品流通企业在商品购进、储存、销售或提供劳务等整个业务经营环节所发生的各项费用开支。其内容如下所列。

① 运输费。它是指企业在从事商品购、销、存或对外提供劳务过程中发生的应由企业负担的运输费、途中保险费以及既不独立核算又不作其他业务核算的车船等运输工具和运输用牲畜的燃料、饲料、物料消耗以及同运输有关的各项杂费。例如,调车费、放空费、养路费、过渡费、车船清扫费、港务费、港口建设费、过驳费以及租用站台、码头、专用线等的租金、租用费等。运输费不包括由企业负担的能直接认定的应计入固定资产、材料物资、低值易耗品、包装物价值的运输费及有关的费用开支。

② 装卸费。它是指企业在业务经营过程中发生的应由企业负担的装卸费、搬运费以及结合装卸进行的灌装封门和过磅费等。

③ 挑选整理费。它是指企业对商品进行挑选、整理、分类和分等过程中发生的费用。

④ 包装费。它是指商品和物资购入后所耗用的包装物及包装物的修补、改装和换装等费用。企业自行研制或委托其他单位和个人改进商品包装、装潢或设计新的包装、装潢所发生的设计费用等也列入包装费,但本企业对外开展装潢设计业务所发生的支出不在此列支。

⑤ 保险费。它是指企业财产物资等向保险机构投保而支付的保险费。不包括应计入有关资产价值的保险费用。保险机构给予的优惠,应冲减保险费。

⑥ 差旅费。它是指企业在开展业务经营活动时有关人员因公外出而发生的各项费用开支,例如,交通费、住宿费、伙食费和出差补助费等。

⑦ 展览费。它是指企业为扩大购销业务而举办的展览、展销活动所发生的支出。

⑧ 保管费。它是指商品物资在储存过程中发生的一切费用,包括租用仓库、委托保管、倒库、晾晒、冷藏、保暖、消防、照明、保管用品费以及商品畜禽的饲料费等各项费用。

⑨ 检验费。它是指商品经商检部门检验、检疫,企业按规定支付的检验费、验品成本费以及

本企业进行商品检测所发生的有关费用开支。

⑩ 中转费。它是指企业购入、销售商品在中转环节所发生的各项费用。

⑪ 劳务手续费。它是指企业委托其他单位或个人代购、代销商品以及代办其他业务时所支付的手续费、进出口商品支付外运劳务费、海关规费、签证工本费等。不包括在财产费用中列支的企业支付给金融机构的手续费。

⑫ 劳动保护费。它是指企业按照国家有关规定发给职工的劳保用品费以及取暖费等。

⑬ 广告费。它是指企业通过新闻媒介以扩大声誉或促进购销业务而发生的有关费用,不包括企业为各项文体活动提供的赞助和捐赠等。

⑭ 商品损耗。它是指商品物资等在运输、保管、销售等过程中发生的正常损耗。它不包括因自然灾害、责任事故等造成的损失,该损失应在营业外支出中列支的商品物资等的非常损失。

⑮ 进出口商品累计佣金。它是指企业从事进出口业务时发生的不易直接认定到具体商品的进出口佣金。它包括明佣和暗佣两部分。能直接认定到具体商品的进出口佣金作调整进口商品进价或出口商品销售收入处理。

⑯ 售后服务费用。它是指商品出售以后实行包修、包换、包退等售后服务而发生的费用。应由工业生产企业承担的,按定额包给商品流通企业的“三包”费用,结余部分应冲减经营费用,不足部分在经营费用中列支。进出口商品售后修、退、换发生的费用不包括在内。

⑰ 经营人员工资。它是指直接从事购、销、存业务的经营人员的工资。

⑱ 职工福利费。国家没有明确规定计提基础和计提比例,企业应当根据历史经验数据和实际情况,合理预计当期经营人员福利费。

⑲ 其他经营费用。它是指商品流通企业在业务经营过程中发生的不属于以上费用的其他经营费用。

2. 管理费用

管理费用是指企业行政管理部门为组织和管理商品经营活动而发生的各项费用。其内容如下所列。

① 管理人员工资。它是指企业从事组织和管理业务经营活动和行政管理部门的有关人员工资。

② 管理人员福利费。国家没有明确规定计提基础和计提比例,企业应当根据历史经验数据和实际情况,合理预计当期管理人员福利费。

③ 技术开发费。它是指企业为研究、开发新技术而发生的各项费用。不包括企业自行研制固定资产、无形资产和其他资产发生的费用开支。

④ 董事会费。它是指企业的最高权力机构及其成员为履行管理职能而发生的各项费用,例如,会议费、差旅费。

⑤ 工会经费。它是指按企业计税工资总额的2%计提拨交工会用于开展各项活动的经费。

⑥ 职工教育经费。它是指企业为了职工学习先进技术,提高文化水平,按企业计税工资总额的1.5%(有的企业按2.5%)计算扣除职工教育经费。

⑦ 劳动保险费。它是指离、退休职工的离、退休金、价格补贴、医药费、异地安家费、职工退职金、抚恤费、按规定支付给离休职工的各项经费以及实行社会统筹办法的企业按规定提取的退休统筹基金等。

⑧ 涉外费。它是指企业按规定支付的出国经费和驻外机构经费等。

⑨ 租赁费。它是指企业以经营租赁方式租入的办公用房、营业用房、仓库、运输工具、机器设备等发生的租赁费用,不包括以融资租赁方式租入的固定资产租赁费。企业以各种方式出租

固定资产等所取得的租赁收入不得直接冲减租赁费支出,而应作为其他业务收入处理。

⑩ 咨询费。它是指企业为满足经营管理需要,向有关咨询机构开展咨询所发生的费用。

⑪ 诉讼费。它是指企业因起诉或应诉而发生的费用。

⑫ 公证费。它是指企业因业务经营需要而聘请公证机构依法公证而支付的费用。

⑬ 商标注册费。它是指企业为本企业商标向工商部门注册登记手续而发生的费用。

⑭ 技术转让费。它是指企业因使用其他单位或个人的先进技术而分期支付的技术转让费用。

⑮ 低值易耗品摊销。它是指企业按规定摊销的低值易耗品的费用。低值易耗品原则上实行一次性摊销方法,数额较大的可实行分次摊销办法。

⑯ 折旧费。它是指企业按应计提折旧的固定资产原值、分类折旧年限、预计残值率以及一定的折旧方法计算提取的固定资产折旧费。

⑰ 无形资产摊销。它是指企业以各种方式取得的专利权、土地使用权、非专利技术等无形资产所发生的费用按规定摊销的部分。

⑱ 开办费摊销。它是指企业筹建期间发生的人员工资、培训费、办公费、差旅费、印刷费、登记注册费等费用开支按规定摊入管理费用的部分。

⑲ 修理费。它是指企业对固定资产、低值易耗品等进行修理所发生的费用开支。修理费一般计入当期管理费用,发生不均衡或数额较大的,可以采用待摊或预提的办法。实行待摊办法的,发生的修理费在一年内平均摊入管理费用;实行预提办法的,预提的修理费用列入当期管理费用,以后发生的修理费用从预提的修理费用列支,预提修理费用不足部分列入当期管理费用,超过部分冲减当期管理费用。一个企业只能采用待摊或预提两种办法中的一种,并应相对稳定,不得随意变更。

⑳ 房产税。它是指企业的产权归自己的房产按照国家规定交纳的房产税。

㉑ 土地使用税。它是指企业因在城市、县城、建制镇、工矿区范围内使用土地按照国家有关规定交纳的土地使用税。

㉒ 印花税。它是指企业在书立购销、财产租赁、货物运输、仓储保管、借款、技术合同、财产保险或领受产权转移书据、营业账簿、许可证照等凭证时按照国家有关规定交纳的印花税。

㉓ 车船使用税。它是指企业拥有并且使用的车船按照国家规定交纳的车船使用税。

㉔ 审计费。它是指企业聘请中国注册会计师进行查账验资、资产评估等所发生的各项费用。

㉕ 绿化费。它是指企业对自有院区、库房等的零星绿化费用。

㉖ 职工待业保险费。它是指企业按照国家有关规定交纳的职工待业保险基金。

㉗ 办公费。它是指企业在业务经营过程中发生的各项办公费开支,包括会议费、印刷费、邮电费、电传费、电脑软件设计费、文具纸张费、公用书报、资料费等。

㉘ 业务招待费。它是指企业为满足业务经营的合理需要而在规定限额内据实列支的招待费用。企业必须按照"必需、合理、节约"的原则,严格掌握标准,尽量减少陪同人员,节约业务招待费支出。

知识链接：

《中华人民共和国企业所得税法实施条例》第四十三条“企业发生的与生产经营活动有关的业务招待费支出，按照发生额的60%扣除，但最高不得超过当年销售（营业）收入的5‰。

㉙ 存货盘亏、毁损和报废损失。它是指企业因有关责任人的过失而造成的存货盘亏、毁损和报废损失，在扣除过失人赔偿后的损失净额。不包括在商品损耗中列支的正常损耗以及在营业外支出中列支的因自然灾害造成的存货的非常损失。

㉚ 其他费用。它是指企业在业务经营过程中发生的除上述费用以外的各项费用，包括消防费、水电费、商会会费以及按国家规定允许列入费用的其他费用开支。

3. 财务费用

财务费用是指企业为筹集资金而发生的各项费用。其内容如下所列。

① 企业经营期间发生的利息净支出。它是指企业在业务经营过程中发生的本币与外币负债按规定支付的利息与企业存款取得的利息收入相抵后的净支出。不包括应计入企业开办费、清算损益的利息支出以及应计入固定资产、无形资产等的原始成本的利息支出。

② 加息。它是指企业逾期归还银行贷款时，银行在国家规定的正常贷款利率基础上加收的利息。

③ 支付金融机构手续费。它是指企业与金融机构往来过程中发生的有关费用，主要包括企业通过金融机构办理结算，以及为保证所需资金委托银行或其他金融机构代理发行债券时，国家规定向银行或受托印制债券的银行和其他金融机构支付的有关费用。

如果企业发生的汇兑损益金额较小，可将其并人财务费用进行核算。如果发生的汇兑损益较大时，可将汇兑损益单独作为一项进行核算。

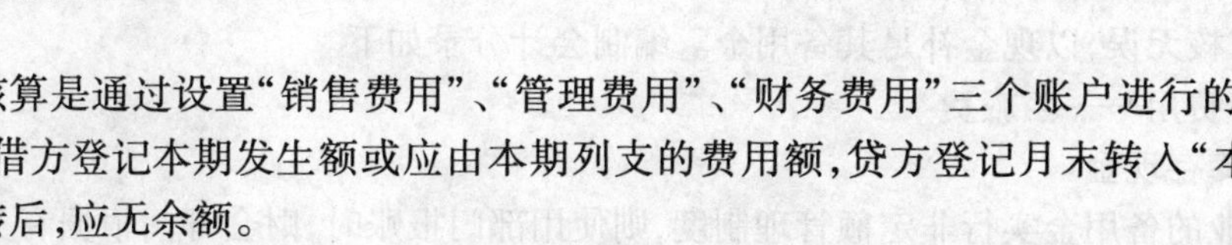

二、费用的核算

费用的核算是通过设置“销售费用”、“管理费用”、“财务费用”三个账户进行的。它们都是损益类账户，借方登记本期发生额或应由本期列支的费用额，贷方登记月末转入“本年利润”账户。月末结转后，应无余额。

在商品流通企业中，费用的支出有各种不同情况，按其发生和支付的方式划分，一般有直接支付、转账摊销、预付待摊、预提待付4种形式。

（一）直接支付的核算

直接支付费用是指本期以现金或银行存款支付应由本期负担的费用。例如，运杂费、整理费、保管费、工资等。直接支付费用的核算通常有两种方法，一是当费用发生时，有关部门凭费用单据直接向财会部门报账付款；二是由费用发生部门预先向财会部门领取一定数额的备用金支付，在费用发生时先以备用金支付，再定期凭费用单据汇总向财会部门报账补足其备用金定额。

1. 由财会部门直接支付的费用

例 9－1　中东商业有限责任公司自国内某公司购进商品一批，以银行存款向运输部门支付商品运输费 1 500 元。编制会计分录如下。

借：销售费用——运杂费　　1 500

　　贷：银行存款　　1 500

例 9－2　中东商业有限责任公司以现金支付商品储存期间的挑选整理费 960 元。编制会计分录如下。

借：销售费用——挑选整理费　　960

　　贷：库存现金　　960

2. 由有关部门以备用金支付的费用

备用金是企业财会部门预先拨付给企业内部有关部门用于销货找零、收购农副产品以及支付日常零星开支需要的备用现金。其管理方式有定额管理和非定额管理两种。在实行定额管理方式下，财会部门先按核定的备用金定额拨付备用金，领用部门向财会部门报账后，经审核无误，财会部门补足其备用金定额；在实行非定额管理方式下，财会部门根据实际需要拨付备用金，领用部门定期报账后，财会部门冲减所拨备用金。

注意：备用金有定额和非定额两种管理方式。

例 9－3　中东商业有限责任公司的业务科实行备用金定额管理制度，业务科根据核定的备用金定额数领取备用金 2 000 元，以现金支付。编制会计分录如下。

借：其他应收款　　2 000

　　贷：库存现金　　2 000

例 9－4　中东商业有限责任公司业务科将本月差旅费报销单据 3 780 元送交财会部门以后，经审核无误，以现金补足其备用金。编制会计分录如下。

借：销售费用——差旅费　　3 780

　　贷：库存现金　　3 780

如果企业的备用金实行非定额管理制度，则使用部门报账时，财会部门根据有关费用单据冲减所拨备用金，即借记“销售费用”科目，贷记“其他应收款——备用金”科目。

3. 定期发生并于发生时直接支付的费用

工资是以货币形式支付给职工的劳动报酬，它在企业经营费用中占有较大的比重。企业职工的工资是由财会部门直接支付的，但账务处理与一般费用支付有所区别。工资的核算涉及工资总额的确定、工资结算和工资分配等多方面的问题。

① 工资总额的组成

工资总额是指企业在一定时期内直接支付给本单位全部职工的劳动报酬总额。全部职工包括固定职工、经劳动部门批准的临时用工以及以其他方式招收的人员。

工资总额的组成有国家统一规定，商品流通企业职工的工资总额一般由五部分组成：基本工资、经常性奖金、津贴和补贴、加班加点工资和特殊情况下支付的工资。

工资总额中不包括一次性奖金、劳动保险和职工福利方面的各项费用；有关离休、退休、退职人员待遇的各项支付；职工死亡丧葬费及抚恤费、上下班交通补贴、探亲路费和洗理费、独生子女补贴等支出；以及实行租赁经营单位的承租人风险性补偿收入，等等。

② 应付职工工资的核算

企业在每个月发放工资之前，财会部门都要根据有关考勤记录以及代扣款项通知单，按照劳动工资制度的规定，计算每个职工和全部职工的应发工资和实发工资。应发工资和实发工资的计算是通过按月编制“工资结算表”进行的。工资结算表是按各部门分别编制的，为了掌握整个企业工资结算和支付情况并据以记账，财会部门应加以汇总编制“工资结算汇总表”，如表 9.1 所示。

表 9.1 工资结算汇总表　　单位：元

职工类别	标准工资	各种津贴	奖金	缺勤款		应付工资	代扣款项		实发工资
				病假	事假		房租	药费	
经营人员	16 880	1 670		72	60	18 418	780	332	17 306
管理人员	6 520	530				7 050	420	168	6 462
医务及福利人员	700	7 0		12		758	30	18	710
长期病假人员	615	80				695	35	16	644
合　计	24 715	2 350		84	60	26 921	1 265	534	25 122

③ 工资的核算

计入企业工资总额的职工工资，不论是否在当月支付，都应通过“应付职工薪酬”科目核算。该科目是负债类科目，实际支付工资时记借方，计算应发工资时记贷方，账户余额反映应付未付给职工的各种劳动报酬。

例 9－5　中东商业有限责任公司本月工资资料（见表 9.1）。根据工资结算汇总表编制会计分录如下。

① 提取现金

借：库存现金　　25 122

　贷：银行存款　　25 122

② 发放工资

借：应付职工薪酬　　25 122

　贷：库存现金　　25 122

③ 结转代扣款项

借：应付职工薪酬　　1 799

　贷：其他应收款——房租　　1 265

　　　　　　　——医药费　　534

④ 分配本月应付工资

借:销售费用——经营人员工资　　18 418
　　管理费用——管理人员工资　　7 050
　　　　　　——长期病假人员　　695
　　　　　　——福利人员工资　　758
　　贷:应付职工薪酬　　26 921

（二）转账摊销的核算

转账摊销费用是指不直接通过货币结算,而通过转账方式摊入本期的费用。例如,固定资产折旧费、包装费、低值易耗品摊销等。

例 9-6　中东商业有限责任公司本月摊销包装物——木箱的金额为1 000元。编制会计分录如下。

借:销售费用——包装费　　1 000
　　贷:周转材料——木箱　　1 000

例 9-7　中东商业有限责任公司本月计提固定资产折旧费6 500元。编制会计分录如下。

借:管理费用——折旧费　　6 500
　　贷:累计折旧　　6 500

> 注意:
> 待摊费用与预提费用目前在《企业会计准则》中已不再提,但很多企业还在使用,有的企业使用"预付账款"与"预收账款"代替"待摊费用"与"预提费用"的核算。

（三）预付待摊费用的核算

预付待摊费用是指本期一次支付但应由以后各受益期负担的费用。为正确计算各期应负担的费用数额,现行财务制度按费用能否在一年内摊销完,分为待摊费用和长期待摊费用两类。

例 9-8　中东商业有限责任公司在12月份以银行存款2 400元预付下年度报刊资料费。编制会计分录如下。

借:待摊费用　　2 400
　　贷:银行存款　　2 400

次年1月开始每月分摊200元。

借:管理费用——报刊费　　200
　　贷:待摊费用　　200

例 9-9　中东商业有限责任公司以存款支付筹建期间各种开办费12 000元,按规定在开始营业之日起一次摊销。编制会计分录如下。

借:长期待摊费用——开办费　　12 000
　　贷:银行存款　　12 000

摊销时

借:管理费用——开办费摊销　　　　12 000

　　贷:长期待摊费用　　　　12 000

(四) 预提待付费用的核算

预提待付费用是指应由本期负担,实际尚未支付,需要按期预提的费用。短期借款利息支出在费用中占有较大的比重,银行结算利息是每个季度的最后10天。企业对每季前两个月的应付利息均需实行预提的办法。

例9-10 中东商业有限责任公司10月份短期借款平均余额为100万元,月利息率为2.1‰,预提本月应付利息。编制会计分录如下。

应付利息 = 1 000 000 × 2.1‰ = 2 100(元)

借:财务费用——利息费　　　　2 100

　　贷:应付利息　　　　2 100

例9-11 中东商业有限责任公司11月份短期借款平均余额为120万元,月利息率为2.1‰,预提本月应付利息。编制会计分录如下。

应付利息 = 1 200 000 × 2.1‰ = 2 520(元)

借:财务费用——利息费　　　　2 520

　　贷:应付利息　　　　2 520

例9-12 中东商业有限责任公司12月20日接到银行结息通知,应支付第四季度短期借款利息7 000元,经审核无误,予以支付。编制会计分录如下。

借:财务费用——利息　　　　2 380

　　应付利息　　　　4 620

　　贷:银行存款　　　　7 000

三、费用的明细分类核算

为了检查各项费用的实际支出情况和提供费用分析所需的详细资料,除对费用设置"销售费用"、"管理费用"、"财务费用"科目进行总分类核算,反映各类费用支出的总括情况外,还必须对费用进行明细分类核算。

费用的明细分类核算可以采用三栏式账页,分别按各类费用的明细项目开设账户,反映其实际支出情况;也可以简化核算,采用多栏式账页,按费用明细项目设置专栏,依照日期顺序逐笔登记各项费用的借方发生额,如表9.2、表9.3所示。由于各类费用平时多数反映为借方发生额,月末一般结转"本年利润"科目,结转后无余额。所以,多栏式账页一般不设贷方栏,如果发生贷方金额时,可以用红字记入有关项目借方栏表示。

表 9.2 销售费用明细账 第 页

××年		凭证		摘要	费用项目					合计
月	日	字	号		运杂费	装卸费	包装费	保险费	……	

表 9.3 管理费用明细账 第 页

××年		凭证		摘要	费用项目					合计
月	日	字	号		工会经费	折旧费	审计费	修理费	……	

任务二 税金的核算

任务目标

通过本任务的学习：

- 了解商品流通企业的税金有哪些。
- 熟悉各项税金的核算方法。
- 掌握发生各项税金的计算与交纳的会计处理。

业务认知

税金是国家根据税法的规定，定期向纳税人征收的款项。税收具有强制性、无偿性、固定性的特征，它是国家财政预算的一项重要来源。1994 年，我国对现行税制进行了重大改革，建立起一套符合中国国情和国际惯例，体现市场经济要求，有利于宏观调控和经济发展的新税制。新税制规定的税收有多种分类方法。按税收的归属可分为中央税、地方税和中央地方共享税三类。

转税主要包括增值税、营业税、
国企业所得税、个人所得税等；
税、土地使用税等。

务以及进口货物的单位和个
并实行税款抵扣制的一种流
事销售货物或者提供加工、修
按照规定的税率计算税款，然
应交纳的增值税。

价格内不包含商品的税金，
纳税人，二者分别对待。

应税劳务的纳税人，年
售的纳税人，年应纳税
人标准的个人，非企业
。

二是低税率13%，适用
气、沼气、居民用煤炭制
出口货物，税率为零。

细账中，设置“进项税

用发票上注明价款为
如下。

40 000

6 800

46 800

例 9－14 中东商业
元,增值税税率 17%,货款尚未
借:应收账款——云发公司
贷:主营业务收入
应交税费——应交

例 9－15 中东商
计分录如下。

本月甲商品应交增值税
借:应交税费——应交增
贷:银行存款

2. 小规模企业的核算

小规模企业实行简易办
接计入有关货物或劳务成本
票,普通发票上不注明应纳

例 9－16 利都
品一批,专用发票上注明价
款。17 日商品到达验收入
品的含税销售额为 82 400

- 购进商品

借:在途物资
贷:应付票据

- 商品入库

借:库存商品
贷:在途物资
商品进销差

- 销售商品

不含税的价格 = 82
应交增值税 = 80 0
借:银行存款
贷:主营业务收
应交税费—

- 上交增值税

借:应交税费——
贷:银行存款

二、消费税

注意：消费税是价内税，一定要注意哟！

（一）消费税概述

消费税是以境内生产、委托加工和进口应税消费品为征收对象的一个税种。属价内税，即税金是商品价格的一个有机组成部分。

根据消费税条例规定，消费税的征税范围为在中华人民共和国境内生产、委托加工、进口、零售的应税消费品，包括烟、酒及酒精、鞭炮和焰火、化妆品、成品油、贵重首饰及珠宝玉石、汽车轮胎、摩托车、高尔夫球及球具、高档手表、游艇、木制一次性筷子、实木地板和小汽车等 14 种商品。

消费税的计税方法有 3 种。

① 从价定率办法

应纳税额 = 商品销售价格 × 税率

② 从量定额办法

应纳税额 = 商品销售数量 × 单位税额

③ 从价定率和从量定额复合计税办法

应纳税额 = 商品销售价格 × 税率 + 商品销售数量 × 单位税额

消费税税率按不同类的消费品分别计征，从率计征的，最高税率为 45%，最低税率为 3%。从量定额计征的主要有酒类和汽油、柴油。

（二）消费税的核算

交纳消费税的企业，应在“应交税费”科目下设置“应交消费税”明细科目进行核算。企业在计算应纳消费税时，记入“应交消费税”科目的贷方，实际交纳时记入该明细科目的借方。月末余额一般在贷方，表示企业应交而未交的消费税额，月末借方余额，表示企业多交及应退的消费税额。

例 9－17 中东商业有限责任公司于 2011 年 3 月 1 日取得应纳消费税的销售商品收入 200 000 元，该商品适用的消费税税率为 25%。与消费税有关的会计分录如下。

- 计算应交消费税额 2 000 000 × 25% = 50 000（元）

借：营业税金及附加　　50 000
　贷：应交税费——应交消费税　　50 000

- 交纳消费税时

借：应交税费——应交消费税　　50 000
　贷：银行存款　　50 000

三、营业税

营业税是对提供应税劳务、转让无形资产或销售不动产所征收的一种税种。其中,应税劳务是指交通运输、建筑安装、金融保险、邮电通讯、旅游服务和文化娱乐所提供的劳务。转让无形资产是指转让无形资产的所有权或使用权。销售不动产是指非房产单位有偿转让不动产的所有权和使用权,以及将不动产无偿赠与他人的行为。

营业税的税目有9个,分两档9个税率,税率高的为5%,例如服务业,低的为3%,例如运输业,娱乐业采用弹性税率为5%~20%,具体适用税率由各省、市在弹性区间内确定。

营业税应纳税款的计算公式如下。

应纳营业税额=营业额×税率

例9-18 假设企业销售不动产,其销售额为56 000元,营业税率为5%,则计算的营业税为2 800元。编制会计分录如下。

借:固定资产清理　　2 800

　　贷:应交税费——应交营业税　　2 800

例9-19 大明公司于2011年1月1日对外提供运输业务,获得劳务收入100 000元,营业税税率为3%,款项已存入银行。编制会计分录如下。

- 收到款项时

借:银行存款　　100 000

　　贷:主营业务收入　　100 000

- 计算应交营业税100 000×3%=3 000(元)

借:营业税金及附加　　3 000

　　贷:应交税费——应交营业税　　3 000

- 交纳营业税时

借:应交税费——应交营业税　　3 000

　　贷:银行存款　　3 000

四、城市维护建设税

城市维护建设税是对从事生产经营活动的单位和个人,以其实际交纳的增值税、消费税、营业税为依据,按纳税人所在地适用的不同税率计算征收的一种税。其税率分别为市区7%,县镇5%,其他1%。

城市维护建设税应纳税额的计算公式如下。

应纳税额=(增值税额+消费税额+营业税额)×适用税率

例9-20 假设2011年4月,中东商业有限责任公司当月实际应交增值税为500 000元,应交消费税为120 000元,应交营业税为180 000元,城建税税率为7%。编制会计分录如下。

- 计算应交城建税(500 000+120 000+180 000)×7%=56 000(元)

借:营业税金及附加　　56 000

贷:应交税费——应交城建税　　56 000

- 实际缴纳城建税时

借:应交税费——应交城建税　　56 000

贷:银行存款　　56 000

五、房产税

房产税是指以房屋的价值为课税对象的一个税种。纳税为房产的产权所有人。计税标准按房产原值一次减去10%~30%后的余值计算。其税率按房产余值计征的,年税率为1.2%,依据房产租金收入计征的,年税率为12%。房产税直接计入管理费用。

借:管理费用

贷:应交税费——应交房产税

六、车船使用税

车船使用税是拥有行驶车船的企业,以行驶的车船为课税对象的一个税种。按照机动车船、非机动车船等不同情况,采用不同的计税标准。车船使用税直接计入管理费用。

借:管理费用

贷:应交税费——应交车船使用税

七、土地使用税

土地使用税是指以土地面积为课税对象的一个税种。它分等制定差别幅度税额向土地使用人征收。大城市每平方米土地年征税为0.3~1.2元;中等城市0.2~0.8元;小城市及县城0.1~0.4元。土地使用税计入管理费用。

借:管理费用

贷:应交税费——土地使用税

八、印花税

印花税是指对企业经济活动和经济往来中书立、领受的凭证所征收的一种税种。

印花税税率分为两种:一种按不同的凭证实行差别比例税率;另一种是对凭证实行定额税率。

印花税税额的计算公式如下。

印花税税额 = 凭证所载应税金额 × 适用税率

或　印花税税额 = 应税凭证件数 × 5元

印花税应计入"管理费用",如果印花税数额较大,也可以采用分期摊销的方法。

借:管理费用

贷:库存现金(银行存款)

注意：印花税的核算不通过“应交税费”科目。

九、教育费附加

教育费附加是国家为了发展我国的教育事业，提高人民的文化素质而对从事生产经营活动的单位和个人，以其实际交纳的增值税、消费税、营业税为依据，按3%的比例计算征收的一种费用。计算公式如下。

应交教育费附加 =（增值税额 + 消费税额 + 营业税额）×3%

例9－21　承例9－20，教育费附加为3%。编制会计分录如下。

① 计算教育费附加（500 000＋120 000＋180 000）×3%＝24 000（元）

借：营业税金及附加　　24 000

　　贷：应交税费——应交教育费附加　　24 000

② 实际缴纳教育费附加时

借：应交税费——应交教育费附加　　24 000

　　贷：银行存款　　24 000

任务训练

一、复习思考题

1. 什么是费用？费用开支范围有哪些？
2. 什么是销售费用？有哪些内容？
3. 什么是管理费用？有哪些内容？
4. 什么是财务费用？有哪些内容？
5. 商品流通企业的费用有哪些列支方式？
6. 什么是工资总额？包括哪些内容？
7. 什么是增值税？一般纳税人和小规模纳税人交纳增值税有什么不同？
8. 什么是消费税？哪些物质需交纳消费税？
9. 什么是城市维护建设税？如何计算？
10. 什么是印花税？如何计算？
11. 什么是教育费附加？如何计算？

二、实训操作

1. 直接支付费用的核算

【目的】练习直接支付费用的核算。

【要求】根据下列业务编制直接支付费用的会计分录。

【资料】商品流通企业发生下列业务。

① 采购员王丽借支旅差费500元,以现金支付。

② 以转账支票支付本月办公室租赁费1 358元。

③ 以现金80元支付包装物修补费。

④ 采购员王丽报销差旅费480元,余款返回现金。

⑤ 开出现金支票一张,提取现金800元,分别拨给储运部门400元,总务部门400元,作为备用金。

⑥ 支付营业用房租金400元,以转账支票付讫。

⑦ 总务部门报销购买零星用品150元,以现金补足备用金。

⑧ 仓库购买防虫蛀药品60元,以现金支付。

⑨ 以现金90元支付市内运费。

⑩ 开出支票一张,支付招待用费用540元。

⑪ 购入印花税票500元,以现金支付。

⑫ 以银行存款支付本月电话费430元。

2. 工资的核算

【目的】练习工资的核算。

【要求】根据下列资料编制工资核算的会计分录。

【资料】商品流通企业发生下列业务。

① 开出现金支票,提取现金57 037元。

② 以现金发放本月工资57 037元。

③ 结转代扣款项,房租4 460元,水电费2 000元,药费108元。

④ 月终分配工资,经营人员52 880元,管理人员7 570元,医务人员2 795元,长期病假人员360元。

3. 费用转账摊销的核算

【目的】练习费用转账摊销的核算。

【要求】根据下列资料,编制费用转账摊销的会计分录。

【资料】商品流通企业发生下列业务。

① 开出转账支票支付一年的房屋租赁费48 000元和火灾保险费2 400元,并摊销本月应负担的费用。

② 开出转账支票支付下半年报刊杂志费600元,并摊销本月应负担的杂志费。

③ 一次购入印花税6 000元,以转账支票支付,决定分12个月进行摊销,并摊销本月数。

④ 银行转来利息通知单,本季度实际支付的利息为5 600元,已知7、8月份已预提银行短期借款利息3 600元,计算9月份应负担的利息额。

⑤ 企业收到开户银行转来的利息清单,本月利息收入3 500元。

4. 税金的核算

【目的】练习税金的核算。

【要求】根据下列资料编制会计分录。

【资料】商品流通企业发生下列业务。

① 商业公司从外地购入商品一批,专用发票注明价款为30 000元,增值税款5 100元,贷款以存款支付,商品入库。

② 商业公司将上项商品全部售出,其销售总额为45 000元,贷款尚未收回,该商品的增值税

税率为 17%。

③ 零售企业销售商品 24 000 元(价款合一),按销售额的 3% 征收率计算应纳增值税,收入货款存入银行。

④ 企业设在市区,本月三项税额 75 000 元,按规定 7% 计算应交城市维护建设税。按规定 3% 计算应交教育费附加税。

5. 税金的核算

【目的】练习税金的核算。

【要求】根据下列资料编制会计分录。

【资料】商品流通企业发生下列业务。

① 企业房产原值按规定减去 15% 后的余额为 3 000 000 元,年房产税率为 1. 2%,计算本年应交纳的房产税。

② 企业有东风 140 型五吨货车两辆,每吨每年税额为 40 元,计算应交纳的税额。

③ 企业占地面积 4 800 平方米,每平方米税额为 8 元,计算应交纳的土地使用税。

④ 企业支付印花税 1 200 元,以存款支付,分三个月摊销。

项目十

利润及利润分配的核算

项目认知

通过本项目学习，理解企业利润的构成内容和利润形成的账务处理；掌握应付税款法下所得税的核算；掌握利润分配的内容、顺序和主要账务处理；理解“本年利润”和“利润分配”科目的结构及相互关系。

任务一　企业利润形成的核算

任务目标

通过本任务的学习：

- 了解企业利润的组成内容。
- 明确企业利润的计算方法。
- 掌握利润形成的账务处理。

业务认知

一、利润的概念和构成内容

利润是企业在一定会计期间的经营成果。利润包括收入减去费用后的净额、直接计入当期利润的利得和损失等。直接计入当期利润的利得和损失是指应计入当期损益、会导致所有者权益发生增减变动的、与所有者投入资本或者向所有者分配利润无关的利得或损失。利润金额取决于收入和费用、直接计入当期损益的利得和损失金额的计量。企业实现利润的大小是企业生产经营活动的最终经营成果，在很大程度上反映了企业生产经营的经济效益。

二、利润形成的核算

（一）利润总额和净利润的确定

1. 营业利润

营业利润＝营业收入－营业成本－营业税金及附加－销售费用－

管理费用－财务费用－资产减值损失＋公允价值变动收益（－公允价值变动损失）＋投资收益（－投资损失）

其中，营业收入是指企业经营业务所确认的收入总额，包括主营业务收入和其他业务收入。营业成本是指企业经营业务所发生的实际成本总额，包括主营业务成本和其他业务成本。资产减值损失是指企业计提各项资产减值准备所形成的损失。公允价值变动收益（或损失）是指企业交易性金融资产等的公允价值变动形成的应计入当期损益的利得（或损失）。投资收益（或损失）是指企业以各种方式对外投资所取得的收益（或发生的损失）。

2. 利润总额

利润总额＝营业利润＋营业外收入－营业外支出

其中，营业外收入是指企业发生的与其日常活动无直接关系的各项利得。营业外支出是指企业发生的与其日常活动无直接关系的各项损失。

3. 净利润

净利润＝利润总额－所得税费用

其中，所得税费用是指企业确认的应从当期利润总额中扣除的所得税费用。

（二）营业外收支的核算

1. 营业外收入核算的内容

营业外收入是指企业发生的与其日常活动无直接关系的各项利得。营业外收入并不是企业经营资金耗费所产生的，不需要企业付出代价，实际上是经济利益的流入，不可能也不需要与有关的费用进行配比。营业外收入主要包括非流动资产处置利得、盘盈利得、罚没利得、捐赠利得、确实无法支付而按规定程序经批准后转作营业外收入的应付款项等。

非流动资产处置利得包括固定资产处置利得和无形资产出售利得。固定资产处置利得是指企业出售固定资产所取得的价款或报废固定资产的材料价值和变价收入等，扣除处置固定资产的账面价值、清理费用、处置相关税费后的净收益。无形资产出售利得是指企业出售无形资产所取得的价款，扣除出售无形资产的账面价值、出售相关税费后的净收益。

盘盈利得主要是指对于现金等清查盘点中盘盈的现金等，报经批准后计入营业外收入的金额。

罚没利得是指企业取得的各项罚款，在弥补由于对违反合同或协议而造成的经济损失后的罚款净收益。

捐赠利得是指企业接受捐赠产生的利得。

2. 营业外收入的会计处理

企业应通过“营业外收入”科目，核算营业外收入的取得及结转情况。该科目贷方登记企业确认的各项营业外收入，借方登记期末结转入本年利润的营业外收入，结转后该科目应无余额。该科目应按照营业外收入的项目进行明细核算。企业确认营业外收入，借记“固定资产清理”、“银行存款”、“库存现金”和“应付账款”等科目，贷记“营业外收入”科目。期末，应将“营业外收入”科目余额转入“本年利润”科目，借记“营业外收入”科目，贷记“本年利润”科目。

例 10－1　中东商业有限责任公司本月份有关营业外收入的经济业务如下。

① 因购货单位违约，按合同规定，收到罚款 3 000 元存入银行。相关账务处理如下。

借：银行存款	3 000	
贷：营业外收入		3 000

② 出售一项固定资产，账面原值19万元，累计折旧12万元，已提减值准备1万元，出售取得收入8万元，支付清理费用5 000元，假如无其他税费。结转此项固定资产清理的净收益的账务处理如下。

借：固定资产清理　　15 000

　贷：营业外收入　　15 000

3. 营业外支出核算的内容

营业外支出是指企业发生的与其日常活动无直接关系的各项损失，主要包括非流动资产处置损失、盘亏损失、罚款支出、公益性捐赠支出和非常损失等。

非流动资产处置损失包括固定资产处置损失和无形资产出售损失。固定资产处置损失指企业出售固定资产所取得的价款或报废固定资产的材料价值和变价收入等，不足以抵补处置固定资产的账面价值、清理费用、处置相关税费所发生的净损失。无形资产出售损失指企业出售无形资产所取得的价款，不足以抵补出售无形资产的账面价值、出售相关税费所发生的净损失。

盘亏损失主要指对于固定资产清查盘点中盘亏的固定资产，在查明原因处理时按确定的损失计入营业外支出的金额。

罚款支出指企业由于违反税收法规、经济合同等而支付的各种滞纳金和罚款。

公益性捐赠支出指企业对外进行公益性捐赠发生的支出。

非常损失指企业对于因客观因素（例如自然灾害等）造成的损失，在扣除保险公司赔偿后应计入营业外支出的净损失。

4. 营业外支出的会计处理

企业应通过"营业外支出"科目，核算营业外支出的发生及结转情况。该科目借方登记企业发生的各项营业外支出，贷方登记期末结转入本年利润的营业外支出，结转后该科目应无余额。该科目应按照营业外支出的项目进行明细核算。企业发生营业外支出时，借记"营业外支出"科目，贷记"固定资产清理"、"待处理财产损益"、"库存现金"和"银行存款"等科目。期末，应将"营业外支出"科目余额转入"本年利润"科目，借记"本年利润"科目，贷记"营业外支出"科目。

例 10-2　中东商业有限责任公司本月份有关营业外收入的经济业务如下。

① 以存款通过红十字会向四川灾区捐款5万元，相关账务处理如下。

借：营业外支出　　50 000

　贷：银行存款　　50 000

② 经批准，转销库存材料因自然灾害造成毁损的净损兵16 000元。

借：营业外支出　　16 000

　贷：待处理财产损益——待处理流动资产损益　　16 000

（三）投资收益的核算

为了核算企业对外投资取得的收益或发生的损失，企业应设置"投资收益"科目。该科目贷方登记企业取得的对外投资收益，借方登记企业发生的对外投资损失，期末将其余额转入"本年利润"科目，结转后无余额。具体业务核算详见投资的项目。

三、本年利润的结转方法

为了反映企业利润的形成过程和组成内容，企业应设置"本年利润"科目，核算企业本年度内实现的利润总额(或亏损总额)。期末,企业将各收益类科目的余额转入“本年利润”科目的贷方,将各支出、费用类科目的余额转入“本年利润”科目的借方。转账后,“本年利润”科目如果为贷方余额,反映本年度自年初开始累计实现的净利润;“本年利润”科目如果为借方余额,反映本年度自年初开始累计发生的净亏损。

在实际工作中,利润的核算方法有“账结法”和“表结法”两种,每月月末,企业可以根据实际情况自行选用,年终则应采用“账结法”。

(一)表结法

表结法下,各损益类账户每月月末只需结计出本月发生额和月末余额,不结转到“本年利润”账户,只有在年末时才将全年累计余额结转入“本年利润”科目。但每月月末要将损益类科目的本月发生额合计数填入利润表的本月数栏,同时将本月末累计余额填入利润表的本年累计数栏,通过利润表计算反映各期的利润(或亏损)。表结法下,年中损益类科目无需结转入“本年利润”科目,从而减少了转账环节和工作量,同时并不影响利润表及有关损益指标的作用。

(二)账结法

账结法下,每月月末均需编制转账凭证,将在账上结计出的各损益类科目的余额结转入“本年利润”科目。结转后“本年利润”科目的本月余额反映当月实现的利润或发生的亏损,“本年利润”科目的本年余额反映本年累计实现的利润或发生的亏损。账结法在各月均可通过“本年利润”科目提供当月及本年累计的利润(或亏损),但增加了转账环节和工作量。

四、利润形成的账务处理

在会计期末,企业应当将“主营业务收入”、“其他业务收入”、“补贴收入”和“营业外收入”等收入类科目的期末余额,分别转入“本年利润”科目,借记“主营业务收入”、“其他业务收入”、“补贴收入”和“营业外收入”等科目,贷记“本年利润”科目。与此同时,企业还应当将“主营业务成本”、“主营业务税金及附加”、“其他业务成本”、“销售费用”、“管理费用”、“财务费用”、“营业外支出”和“所得税费用”等费用(包括有关支出)类科目的期末余额,分别转入“本年利润”科目,借记“本年利润”科目,贷记“主营业务成本”、“主营业务税金及附加”、“其他业务成本”、“销售费用”、“管理费用”、“财务费用”、“营业外支出”和“所得税费用”等科目。另外,如果“投资收益”科目期末余额反映为净收益,则应借记“投资收益”科目,贷记“本年利润”科目;如果“投资收益”科目反映为净损失,则应借记“本年利润”科目,贷记“投资收益”科目。

在会计年度终了,企业应当将本年所有收入和费用项目相抵后结出的本年实现的净利润(即“本年利润”科目的贷方余额),转入“利润分配”科目,借记“本年利润”科目,贷记“利润分配——未分配利润”科目;如果企业本年实现的收益为净亏损,即“本年利润”科目的年末余额在借方,则应根据该借方余额,借记“利润分配——未分配利润”科目,贷记“本年利润”科目。“本年利润”科目在年末结转之后应当无余额。

如果为亏损,则应做相反的分录。年度结账后,本科目应无余额。

例 10-3 中东商业有限责任公司 2010 年 6 月 30 日,结账前各损益类账户余额,如表 10.1 所示。

表 10.1 各损益类账户余额表

账户名称	结账前余额	账户名称	结账前余额
主营业务收入	1 000 000(贷)	其他业务收入	100 000(贷)
主营业务成本	540 000(借)	其他业务成本	60 000(借)
营业税金及附加	10 000(借)	投资收益	50 000(贷)
销售费用	90 000(借)	营业外收入	20 000(贷)
管理费用	180 000(借)	营业外支出	30 000(借)
财务费用	70 000(借)		

根据上述资料,采用“账结法”结转各损益类账户,相关账务处理如下。

- 结转各项收益

借:主营业务收入 1 000 000
　　其他业务收入 100 000
　　投资收益 50 000
　　营业外收入 20 000
　　贷:本年利润 1 170 000

- 结转各项成本、费用或支出

借:本年利润 980 000
　　贷:主营业务成本 540 000
　　　　营业税金及附加 10 000
　　　　销售费用 90 000
　　　　管理费用 180 000
　　　　财务费用 70 000
　　　　其他业务支出 60 000
　　　　营业外支出 30 000

本期利润总额 = 1 170 000 − 980 000 = 190 000(元)

任务二 企业所得税的核算

任务目标

通过本任务的学习:

- 了解企业所得税的概念及计算方法。
- 明确企业所得税的确认和计量。
- 掌握企业所得税的计提、结转的有关账务处理。

业务认知

一、所得税

所得税是企业最为关注的问题之一，因为从企业实现的利润总额中拿出一大笔钱上交国库，可不是一件小事。

（一）所得税的概念

所得税是指对企业经营所得或其他所得征收的一种税收，它体现了国家与企业之间的分配关系。经营所得是指企业从事生产经营所取得的经税务机关确认的所得。其他所得则指股利、利息（不含国库券利息）、租金、转让各类资产收益及营业外收益等经税务机关确认的所得。

企业的所得税费用包括当期所得税和递延所得税两部分，其中，当期所得税是指当期应交所得税。

（二）当期所得税的计算

应交所得税是指企业按照税法规定计算确定的针对当期发生的交易和事项，应交纳给税务部门的所得税金额，即当期应交所得税。应纳税所得额是指在企业税前会计利润（即利润总额）的基础上调整确定的，计算公式如下。

应纳税所得额 = 税前会计利润 + 纳税调整增加额 − 纳税调整减少额

纳税调整增加额主要包括税法规定允许扣除项目中，企业已计入当期费用但超过税法规定扣除标准的金额（例如，超过税法规定标准的职工福利费、工会经费、职工教育经费、业务招待费、公益性捐赠支出、广告费和业务宣传费等），以及企业已计入当期损失但税法规定不允许扣除项目的金额（例如，税收滞纳金、罚金、罚款等）。

纳税调整减少额主要包括按税法规定允许弥补的亏损和准予免税的项目（例如，前五年内未弥补亏损和国债利息收入等）。

企业当期所得税的计算公式如下。

应交所得税 = 应纳税所得额 × 所得税税率

例 10－4　中东商业有限责任公司 2010 年度按企业会计准则计算的税前会计利润为 19 800 000 元，所得税税率为 25%。该公司全年实发工资、薪金为 2 000 000 元，职工福利费 300 000元，工会经费 50 000 元，职工教育经费 100 000 元；经查，该公司当年的营业外支出中有 120 000 元为税收滞纳金。假定无其他纳税调整因素。

税法规定，企业发生的合理工资、薪金支出准予据实扣除；企业发生的职业福利费支出，不超过工资、薪金总额的 14% 的部分准予扣除；企业拨交的工会经费，不超过工资、薪金总额的 2% 的部分准予扣除；除国务院财政、税务主管部门另有规定外，企业发的职工教育经费支出，不超过工资、薪金总额的 2.5% 的部分准予扣除，超过部分准予结转以后纳税年度扣除。

本例中，按税法规定，企业在计算当期应纳税所得额时，可以扣除的工资、薪金支出 2 000 000 元，扣除职工福利费支出 280 000（2 000 000 × 14%）元，工会经费支出 40 000（2 000 000 × 2%）元，职工教育经费支出 50 000（2 000 000 × 2.5%）元。中东商业有限责任公司有两种纳税调整因素，一是已计入当期费用但超过税法规定标准的费用支出；二是已计入当期营业外支出但按税法规定不允许扣除的税收滞纳金，这两种因素均应调整增加应纳税所得额。中东商业有限责任公司当期所得税的计算如下。

纳税调整 =（300 000 － 280 000）+（50 000 － 40 000）
　　+（1 00 000 － 50 000）+ 120 000
　　= 200 000（元）

应纳税所得额 = 19 800 000 + 200 000 = 20 000 000（元）

当期应交所得税额 = 20 000 000 × 25% = 5 000 000（元）

例 10－5　中东商业有限责任公司 2010 年度全年利润总额（即税前会计利润）为 10 200 000元，其中包括本年收到的国债利息收入 200 000 元，所得税税率为 25%。假定该公司无其他纳税调整因素。

按照税法有关规定，企业购买国债的利息收入免交所得税，即在计算应纳税所得额时可将其扣除。中东商业有限责任公司当期所得税的计算如下。

应纳税所得额 = 10 200 000 － 200 000 = 10 000 000（元）

当期应交所得税额 = 20 000 000 × 25% = 2 500 000（元）

（三）所得税费用的确定

所得税是指企业根据其应纳税所得额的一定比例上交的一种税金。企业在计算确定当期所得税以及递延所得税费用（或收益）的基础上，应将两者之和确认为利润表中的所得税费用（或收益）。计算公式如下。

所得税费用（或收益）= 当期所得税 + 递延所得税费用（－递延所得税收益）

递延所得税费用 = 递延所得税负债增加额 + 递延所得税资产减少额

递延所得税收益 = 递延所得税负债减少额 + 递延所得税资产增加额

（四）企业所得税的账务处理

企业的所得税一般实行按年计征，分期预交，年终汇算清交，多退少补的办法。由于会计处理与税法规定的纳税所得额并不一致，在计算所得税时，应将当年计税所得额进行调整。如果没有扣减（或增加）调整项目，则计税所得额就是利润总额。其核算分录如下。

① 预交所得税时，借记“应交税费——应交所得税”科目，贷记“银行存款”科目。

② 年终计算出全年应交所得税时，借记“所得税费用”科目，贷记“应交税费——应交所得税”科目。

③ 年终汇算清交，多退少补。补交时，借记“应交税费——应交所得税”科目，贷记“银行存款”科目。退回多交税款时，做相反分录。

例 10－6　中东商业有限责任公司的本年利润为 290 500 元，最近 5 年没有弥补亏损事项，也没有扣减调整项目，所得税率为 25%，每季度预交所得税 23 000 元，四个季度共预交 92 000元。会计分录如下。

- 预交时

借：应交税费——应交所得税　　　　23 000
　　贷：银行存款　　　　　　　　　　　　23 000

- 年终清交时

借:所得税费用(290 500×25%)	72 625	
贷:应交税费——应交所得税		72 625
借:本年利润	72 625	
贷:所得税费用		72 625

• 补交时

借:应交税费——应交所得税	(72 625－69 000)3 625	
贷:银行存款		3 625

任务三 利润分配的核算

任务目标

通过本任务的学习:

- 了解利润分配的意义。
- 明确利润分配的内容及程序。
- 掌握利润分配的会计处理。

业务认知

一、利润分配的内容和程序

利润分配是指企业实现利润的去向。企业取得的净利润不是全部拿出来分配给投资者,而是按规定的顺序进行分配。企业当期实现的净利润,加上年初未分配利润(减去年初未弥补亏损)和其他转入后的余额,为可供分配的利润。

利润分配的内容及程序如下。

① 弥补以前年度的亏损。企业当年实现的税后净利润,应按国家规定的顺序进行分配。如果企业发生亏损,应按规定程序进行弥补,如果属年度亏损可以用下一年度的税前利润进行弥补。下一年度利润不足弥补的,可以在5年内延续税前弥补;5年内不足弥补的,应当用税后利润弥补。企业发生的年度亏损以及超过用利润抵补5年期限的,还可以用企业的公积金弥补。如果企业以前年度亏损未弥补完,不得提取法定盈余公积金;在提取盈余公积金以前,不得向投资者分配利润。

② 提取法定盈余公积。企业应按净利润的10%提取法定盈余公积,当法定盈余公积达到注册资金的50%以上的,可以不再提取。

③ 提取任意盈余公积。企业提取法定盈余公积后,还可以依据需要和可能,提取一定比例的任意盈余公积。

④ 向投资者分配并支付利润。

二、利润分配的会计处理

为了核算企业利润的分配(或亏损的弥补)和历年利润分配(或亏损的弥补)后的积存余额,

企业应设置“利润分配”科目。该科目一般应设置“提取法定盈余公积”、“应付股利(或利润)”、“提取任意盈余公积”、“未分配利润 ”和“盈余公积补亏”等明细科目。

(一) 亏损的弥补

经批准用税前利润弥补亏损或用净利润弥补亏损时,不做账务处理。如果用盈余公积弥补亏损时,应借记“盈余公积”科目,贷记“利润分配——盈余公积补亏”科目。

(二) 提取盈余公积

盈余公积是指从税后利润中提取的,用于职工集体福利设施,弥补亏损或转增资本的准备金。

盈余公积金提取以后,增加了企业的净资产,有利于生产的发展。当企业发生亏损时,盈余公积金既可以作为弥补亏损的一项资金来源,又可以参加企业的生产经营周转,使企业避免在亏损时资金周转发生困难。如果企业需要增加注册资本,也可以利用盈余公积金作为转增资本。在动用盈余公积金补亏和转增资本时,要经主管部门或投资人会议审批,并按规定办理手续。其核算步骤如下。

① 提取盈余公积时

借:利润分配——提取盈余公积

　　贷:盈余公积

② 将盈余公积用作补亏时

借:盈余公积

　　贷:利润分配——盈余公积补亏

③ 将盈余公积用于转增资本时

借:盈余公积

　　贷:实收资本

例 10－7　中东商业有限责任公司本年实现利润 290 500 元,交纳所得税 95 865 元,按规定提取 10% 的法定盈余公积金 19 463. 50 元。其会计分录如下。

借:利润分配——提取法定盈余公积	19 463.50	
贷:盈余公积——法定盈余公积		19 463.50

假设中东公司经批准用 6 000 元盈余公积作为转增资本。其会计分录如下。

借:盈余公积	6 000	
贷:实收资本		6 000

增加的实收资本,应按现有投资人的资本比例分配,分别确定每个投资人增资的数额,记入有关的“实收资本”科目的明细账。

(三) 向投资者分配利润

企业的利润,在交纳所得税、提取盈余公积之后,才能向投资者分配利润。这里的投资者应包括向企业投资的国家、其他单位和个人。新的财务制度规定,企业当年无利润时,不得向投资者分配利润,但股份有限公司在用盈余公积金弥补亏损后,经股东大会特别决议,可按不超过股票面值 6% 的比率以盈余公积金分配股利。分配股利后,企业法定盈余公积金不得低于注册资金的 25%。

在利润分配中，企业要坚持稳健原则，留有余地，不能将本期的利润全部分光，而需预留一定数额的利润参与企业的资金周转，以减少贷款，做到以丰补欠。

例 10－8　中东商业有限责任公司决定向投资人分配利润 40 000 元。其会计分录如下。

借：利润分配——应付利润　　40 000
　　贷：应付利润　　40 000

在实际发放利润时，其会计分录如下。

借：应付利润　　40 000
　　贷：银行存款　　40 000

三、企业利润分配账户的年终结转

年度终了时，企业应将利润分配账户的明细账进行结转，即将“提取法定盈余公积”、“提取任意盈余公积”和“应付利润”等明细账的本年余额全部转入“未分配利润”明细账，结账后只有“未分配利润”明细账仍然有期末余额。

例 10－9　中东商业有限责任公司年终结账前“利润分配”账户的各项明细账余额，按规定提取 10% 的盈余公积金 19 463.50 元，并向投资人分配利润 40 000 元，结转时应编制转账会计分录如下。

借：利润分配——未分配利润　　59 463.50
　　贷：利润分配——提取盈余公积　　19 463.50
　　　　　　　　——应付利润　　40 000

结转后，中东商业有限责任公司的“利润分配”账户的余额就是该企业未分配利润的余额。

未分配利润是指“利润分配——未分配利润”科目的期末余额。年度终了，企业将全年实现的净利润，自“本年利润”科目转入“利润分配——未分配利润”科目贷方，如果为净亏损，则做相反的会计分录，同时将“利润分配”内的其他明细科目转入“利润分配——未分配利润”科目的借方，结转后“未分配利润”明细科目的借方余额即为未弥补的亏损。贷方余额为未分配的利润。

知识链接：

以税前利润或税后利润弥补亏损，均不需要进行专门的账务处理，只要将企业实现的税后利润自“本年利润”科目结转到“利润分配——未分配利润”科目的贷方，其贷方发生额与“利润分配——未分配利润”科目的借方余额自然抵补。二者所不同的是以税前利润进行弥补亏损的情况下，其弥补的数额可以抵减企业当期的应纳税所得额，而用税后利润进行弥补亏损的数额，则不能在企业当期的应纳税所得额中抵减。

任务训练

一、复习思考题

1. 企业的财务成果包括哪些内容？其净利润如何计算？
2. 利润形成和利润分配包括哪些主要经济业务？会计分录如何编制？
3. 简述应纳税所得额与应交所得税额的区别。
4. 企业应交所得税是如何计算的？
5. 简述利润分配的内容及程序。
6. 年终应如何结转利润分配。

二、实训操作

1. 账结法与利润的计算

【目的】练习账结法并掌握利润的计算。

【要求】

① 根据上述有关账户的余额，采用账结法结转各损益类账户，编制会计分录。

② 计算该企业营业利润、利润总额和净利润。

【资料】中东商业有限责任公司 2010 年 11 月末有关损益类账户的余额（结账前）如下表所示。

中东商业有限责任公司 2010 年 11 月末损益类账户的余额情况表

项　目	余额方向	余额（元）
主营业务收入	贷方余额	4 800 000
其他业务收入	贷方余额	66 000
投资收益	贷方余额	400 000
营业外收入	贷方余额	12 000
主营业务成本	借方余额	2 880 000
营业税金及附加	借方余额	340 000
其他业务成本	借方余额	48 000
销售费用	借方余额	150 000
管理费用	借方余额	250 000
财务费用	借方余额	50 000
营业外支出	借方余额	42 000
所得税费用	借方余额	498 000

2. 应纳税所得额及应交税的计算

【目的】练习应纳税所得额及应交所得税的计算并进行会计处理。

【要求】根据以上资料的计算结果，编制相应的会计分录。

【资料】中东商业有限责任公司本年实现利润总额 120 万元，当年在营业外支出中列支的非公益性捐赠5万元；投资收益中有国库券利息收入9万元；财务费用中有超过同期银行贷款利率的利息支出6万元；全年计税工资额为75万元，实际列支的工资支出为82万元（不考虑工资附加费的纳税调整）。假定无其他纳税调整事项。1－11月已结转所得税费用31万元，本年实际已交纳所得税（预交）29万元，所得税税率25%，要求列式计算如下。

① 全年应纳税所得额＝

② 全年应交所得税＝

③ 全年净利润＝

④ 年终应结转的所得税费用＝

⑤ 年终应补交所得税＝

3. 利润形成及利润分配的经济业务核算

【目的】练习利润形成及利润分配的经济业务核算。

【要求】根据上述资料编制必要的会计分录。

【资料1】中东商业有限责任公司全年实现净利润24万元，年末有关利润分配的资料如下。

① 按净利润的10%提取法定盈余公积。

② 根据股东大会决议，按净利润的6%提取任意盈余公积。

③ 结转应付普通股现金股利6万元。

④ 结转本年的净利润。

⑤ 结转本年的利润分配。

【要求】根据上述经济业务编制会计分录。

【资料2】中东商业有限责任公司2010年12月份发生下列经济业务。

① 用库存现金支付厂部办公用品费600元。

② 采购员王皓出差归来，出纳员补给他现金800元（王皓原预借差旅费3 000元）。

③ 计提应由本月负担的银行借款利息800元。

④ 取得材料销售收入100 000元，增值税税率17%，收到承兑的商业汇票一张。

⑤ 用银行存款5 000元支付参加工业品博览会展位费。

⑥ 结转上述已售材料的成本70 000元。

⑦ 用银行存款捐赠支出1 400元。

⑧ 出售为了交易目的而持有的股票，账面价值为50 000元，售价为55 000元，所得款项存入银行。

⑨ 收到买方违约罚款收入2 000元存入银行。

⑩ 结转本月实现的各项收入。其中，主营业务收入360 000元，其他业务收入100 000元，营业外收入2 000元，投资收益5 000元。

⑪ 结转本月发生的各项费用。其中，主营业务成本262 000元，其他业务成本70 000元，销售费用5 000元，营业税金及附加2 300元，管理费用14 000元，财务费用800元，营业外支出1400元。

⑫ 公司1－11月份累计实现利润总额4 500 000元，累计已交纳所得税1 125 000元。按25%的利率计算并结转本月应交所得税。

⑬ 结转全年实现的净利润。

⑭ 按全年实现净利润的10%提取盈余公积。

⑮ 用剩余利润的20%向投资者分派现金股利。

⑯ 结转“利润分配”的明细分类户。

项目十一 会计报表

项目认知

通过本项目的学习，应了解会计报表的概念及作用，明确会计报表的种类和编制要求，掌握资产负债表和利润表的编制方法。

任务一　会计报表及其种类

任务目标

通过本任务的学习：

- 了解什么是会计报表。
- 明确会计报表的作用。
- 掌握会计报表的种类和编制要求。

业务认知

一、会计报表的概念及作用

会计报表又称财务报表，是指企业对外提供的反映企业某一特定日期的财务状况和某一会计期间的经营成果、现金流量等会计信息的文件。

编制会计报表是会计核算的最后一个环节，会计报表是会计工作的最终产品。编制会计报表的主要目的是为了向企业目前和未来可能的投资人、债权人以及政府部门等其他使用者提供能使他们做出合理的投资、贷款以及在国家宏观经济决策上有用的数据，报送及时的信息。这类信息包括企业持有的经济资财，企业对其他经济实体交付资财的债务和所有者权益的信息，引起企业经济实体交付资财的债务和所有者权益的信息，引起企业经济资财、债务和所有者权益变动的各种经济业务，会计事项导致的企业财务状况和经营成果的信息。因此，它的主要作用表现在以下几个方面。

（一）有助于投资者和债权人做出合理决策

在市场经济条件下，企业的资金主要来源于投资者和债权人。投资与信贷都伴随着与之相当的风险，如何做出合理的投资与信贷决策，取决于投资人和债权人对企业的盈利能力、偿债能力和未来的经营前景的正确分析和判断。要取得这些信息，主要是通过阅读、分析一个企业的会计报表获得。

（二）有助于企业管理者改善经营管理

在会计技术高度成熟的社会，企业管理当局进行经营交易决策所需的会计信息，主要是由管理会计提供的。但管理会计作为决策依据的许多数据，直接来自财务会计信息。而且会计报表提供的信息，是对企业过去经营活动的过程及其结果的系统、全面、连续的反映，通过对这些信息的分析，就可以揭示经营管理中取得的成效和存在的问题，以便进一步采取有效措施，改善企业管理。在我国管理会计技术方法尚不发达的今天，会计报表这方面的作用显得尤为突出。

（三）有助于股东掌握企业受托人的经营业绩

现代企业组织形式的一个重要标志是所有权与经营权的分离。股份有限公司是最有代表性的运作方式。股东投入企业的经济资源，委托专职的经营者进行管理与控制，投资者并不直接管理企业的生产经营活动。但投资者需要考核和监督经营者对受托责任的履行情况，以维护自身的经济利益。会计报表能够全面、系统、综合地跟踪企业投资资产的来源、分布及运用效果。通过会计报表，投资者就可以掌握受托人的经营业绩和受托责任的完成情况。

（四）有助于国家进行宏观调控

在现代市场经济环境里，任何一种社会制度的国家都需要对企业进行宏观调控或行政干预。因为企业是国民经济的重要部门，各企业经营状况的好坏，直接影响到国民经济的总体发展情况。根据各类各级企业会计报表对企业的财务数据进行汇总分析，国家有关部门就可以据以考核国民经济各部的运行情况，一旦发现问题，可以及时采取相应的宏观经济调控措施，加以纠正，保证市场经济秩序的正常进行。

二、会计报表的种类

会计报表可以按不同的标准进行如下分类。

（一）按所反映的经济内容，可分为动态报表和静态报表

动态报表是反映企业一定时期内经营成果的报表，现金流量表是反映企业在一定期间内现金的流入和流出情况的报表。静态报表是综合反映企业某一时点的财务状况，即资产、负债和所有者权益的报表。

（二）按编报时间，可分为月报、季报和年报

年报要求全面反映全年的生产经营活动全貌，因而注重所提供信息的完整性和可靠性。月报则注重所提供信息的及时性，内容上要求简明扼要，以便反映生产经营活动的主要情况和问题。季报在会计信息的详细程度方面，介于月报和年报之间。

（三）按各项目所反映的数字内容，可分为个别会计报表和合并会计报表

个别会计报表各项目数字所反映的内容，仅仅包括单位企业的会计数据。合并会计报表是由母公司编制的，一般包括所有控股子公司会计报表的数字，通过编制和提供合并会计报表，可以向会计报表使用者提供公司集团总体的财务状况和经营成果。

（四）按报送对象，可分为对内报表和对外报表

对内报表是为满足企业内部经营管理需要而编制的报表，其中不少都涉及到企业的经营秘密，例如，生产成本、经营计划等资料，不宜对外公开。对内报表的种类、格式和内容由企业根据具体情况自行设计确定。对外报表是为了满足企业外部利益关系集团的信息需要而编制的报表，它的编制要受到会计准则的约束，我国借鉴国际惯例，在《企业会计准则》和分行业会计制度中，将企业对外报告的会计报表的种类、格式和内容做了统一规定。主要包括资产负债表、利润表、现金流量表及其附表。

三、会计报表的编制要求

为了保证会计报表的质量，充分发挥会计报表的作用，各企业在编制会计报表时，必须达到如下基本要求。

① 真实可靠

会计报表所反映的各项数字必须真实可靠。它应如实地反映企业的经济活动情况，不能弄虚作假，伪造数字。必须做到账账、账证、账实相符。

② 全面完整

对外报送的会计报表规定统一的格式和内容。企业必须根据财政部颁发的有关制度和规定编制，每种会计报表中的各个项目均应填写齐全，书写清楚。

③ 计算准确

会计报表应根据有关资料正确地计算填列。要求计算精确，不得随意舍弃金额尾数。各种报表之间有勾稽关系的要核对相符。

④ 说明清楚

对会计报表中需要加以说明的问题，应附有简要的文字说明，使报表提供的信息更易理解，提高信息的使用效益。

⑤ 相关可比

要求编报企业所采用的会计计量口径一致，具有可靠性。如果经批准改革了会计方法，应在会计报表附注中加以说明。

⑥ 编报及时

会计报表应按规定的期限编制完成，并向有关部门报送，以保证会计信息的时效性。

任务二　编制资产负债表

任务目标

通过本任务的学习：

- 了解什么是资产负债表。
- 掌握资产负债表的编制方法。

业务认知

一、资产负债表的意义

资产负债表是反映企业某一特定日期(月末、季末、年末)财务状况的会计报表。企业的财务状况包括资产、负债及所有者权益。资产负债表能够提供企业在一定日期所掌握的资源,所承担的债务、所有者在企业内所持有的权益等财务信息。这些信息不仅为企业管理人员所必需,也是企业的投资者、债权人及其他与企业利益相关的集团和个人所需要的信息。通过资产负债表,可以了解、分析企业如下会计信息。

① 了解掌握企业所拥有的各种经济资源及其具体构成。

② 了解掌握企业所承担的各种债务及偿还期的长短。

③ 了解掌握企业的偿债能力和财务实力,以及企业财务状况的发展趋势。

二、资产负债表的结构

资产负债表是根据“资产 = 负债 + 所有者权益”这一会计平衡公式编制的,具有国际通用性。

资产负债表的格式一般有账户式和报告式两种,考虑我国习惯,我们采用了账户式结构。账户式分左右两方,左方反映资产项目,按流动性由大到小的顺序排列,右方反映负债和所有者权益项目,一般按求偿权先后顺序排列。

资产负债表的项目分为资产类、负债类、所有者权益类,也称为资产负债表的要素,其中每个要素又分为若干个项目。《企业会计制度》对各类要素项目划分如下。

1. 资产类

① 流动资产

② 非流动资产

2. 负债类

① 流动负债

② 非流动负债

3. 所有者权益类

① 实收资本

② 资本公积

③ 盈余公积

④ 未分配利润

资产负债表的格式,如表 11.1 所示。

表 11.1　资产负债表　　　　会企:01 表

编制单位:　　　　年　月　日　　　　单位:元

资　产	期末余额	年初余额	负债和所有者权益	期末余额	年初余额
流动资产:			流动负债:		
货币资金			短期借款		
交易性金融资产			交易性金融负债		
应收票据			应付票据		
应收账款			应付账款		
预付账款			预收账款		
应收利息			应付职工薪酬		
应收股利			应交税费		
其他应收款			应付利息		
存货			应付股利		
一年内到期的非流动资产			其他应付款		
其他流动资产			一年内到期的非流动负债		
流动资产合计			其他流动负债		
非流动资产:			流动负债合计		
可供出售金融资产			长期借款		
持有至到期投资			应付债券		
长期应收款			长期应付款		
长期股权投资			专项应付款		
投资性房地产			预计负债		
固定资产			递延所得税负债		
在建工程			其他非流动负债		
工程物资			非流动负债合计		
固定资产清理			负债合计		
生产性生物资产			所有者权益(或股东权益)		
油气资产			实收资本(或股本)		
无形资产			资本公积		
开发支出			减:库存股		
商誉			盈余公积		
长期待摊费用			未分配利润		
其他非流动资产			所有者权益(或股东权益)合计		
非流动资产总计					
资产总计			负债和所有者权益(或股东权益)合计		

三、资产负债表的编制方法

在编制资产负债表时,表中"年初数"栏内各项数字,应根据上年末资产负债表"期末数"栏内所列数字填列。"期末数"按企业本期总分类账户或明细分类账户的期末余额直接填列或分析加工处理后填列。主要的填列方法有以下几种。

(一)根据总分类账户的期末余额填列

① 货币资金项目:反映企业库存现金、银行存款、外埠存款、银行本票及汇票存款和在途货币资金等货币资金的合计数,应根据"库存现金"、"银行存款"、"其他货币资金"总分类账户的期末余额之和填列。

② 交易性金融资产项目:反映企业购入的各种能够随时变现,持有时间不超过一年的有价证券以及不超过一年的其他投资。应根据"交易性金融资产"科目的期末余额直接填列。

③ 应收股利项目:反映企业因股权投资而应吸取的现金股利,企业应收其他单位的利润也包括在本项目内,本项目应根据"应收股利"科目的期末余额直接填列。

④ 固定资产清理项目:反映企业因出售、毁损、报废等原因转入清理但尚未清理完毕的固定资产的净值,以及固定资产清理过程中发生的清理费用和变价收入等各项金额的差额,应根据"固定资产清理"科目的期末借方余额填列,例如,为贷方余额以" - "表示。

⑤ 应收利息项目:反映企业因债权投资而应收取的利息。企业购入到期还本付息债券应收的利息不包括在本项目内,本项目应根据"应收利息"科目的期末余额直接填列。

⑥ 应付职工薪酬项目:反映企业应付未付的职工工资及应付职工福利费,应根据"应付职工薪酬"科目期末余额直接填列,"应付职工薪酬"科目期末如果为借方余额用" - "表示。

⑦ 短期借款项目:反映企业借入尚未归还的一年期以下的借款(含一年),应根据"短期借款"科目的期末直接余额填列。

⑧ 应付票据项目:反映企业为了抵付货款等而开出、承兑的尚未到付款期付款的应付票据。它包括银行承兑汇票和商业承兑汇票。应根据"应付票据"科目的期末余额直接填列。

⑨ 应交税费项目:反映企业应交未交的各种税金。应根据"应交税费"科目的期末余额直接填列,例如,出现借方余额,表示多交税金数,以" - "表示。

⑩ 应付利息和应付股利项目:分别反映企业尚未支付给债权人的利息和企业尚未支付的现金股利,应分别根据"应付利息"和"应付股利"科目的期末余额直接填列。

⑪ 其他应付款项目:反映企业所有应付和暂收其他单位和个人的款项。应根据"其他应付款"科目的期末余额直接填列。

⑫ 实收资本项目:反映企业实际收到资本总额。应根据"实收资本"科目的期末余额填列。

⑬ 资本公积项目和盈余公积项目:分别反映企业资本公积和盈余公积的期末余额。应分别根据"资本公积"和"盈余公积"科目的期末余额直接填列。

(二)根据明细账科目余额计算填列

① 应收账款项目:反映企业因销售商品、产品和提供劳务等而应向购买单位收取的各种款项,减去已计提的坏账准备后的净额。本项目应根据"应收账款"科目所属各明细科目的期末借方余额合计,减去"资产减值损失"科目有关应收账款计提的坏账准备期末余额后的金额填列。如果"应收账款"科目所属明细账户有贷方余额,应在本表预收账款项目内填列。

② 预付账款项目:反映企业预付给供应单位的款项。应根据“预付账款”科目所属各明细账户借方余额合计填列填列。如果“预付账款”科目所属明细账有贷方余额的,应在本表“应付账款”项目内填列。如果“应付账款”科目所属明细科目有借方余额的也包括在本项目内。

③ 应付账款项目:反映企业购买原材料或接受劳务供应而应付给供应单位的款项,应根据“应付账款”科目所属各明细科目的期末贷方余额合计填列。如果“应付账款”科目所编明细科目有借方余额应在本表“预付账款”项目填列。

④ 预收账款项目:反映企业预收购买单位的货款。应根据“预收账款”科目所属各明细科目的期末贷方余额合计填列,如果“预收账款”科目所属有关明科目有借方余额的,应在本表“应收账款”项目内填列;如果“应收账款”科目所属明细科目有贷方余额的,也应包括在本项目内。

(三) 根据总分类账户的余额和明细账科目余额计算填列

① 长期借款项目:应根据“长期借款”总账科目余额扣除“长期借款”科目所属的明细科目中将在一年内到期且企业不能自主地将清偿义务展期的长期借款后的金额计算填列。将在一年内到期的长期借款应当填列在流动性资产下“一年内到期的非流动性资产”项目中。

② 应付债券项目:反映企业发行的尚未偿还的各种长期债券的本息。应根据“应付债券”科目的期末余额扣除将于一年内到期的应付债券后的数额填列。

③ 长期应付款项目:反映企业除长期借款和应付债券以外的其他各种长期应付款。应根据“长期应付款”科目的期末余额减去“未确认融资费用”科目期末余额及扣除一年内到期的长期应付款后的金额填列。

④ 其他长期负债项目:反映除以上长期负债项目以外的其他长期负债。应根据有关科目的期末余额扣除一年后到期的长期负债后的数额填列。如果金额较大,应在会计报表附注中披露其内容和金额。

⑤ 长期待摊费用项目:应根据“长期待摊费用”总账科目余额扣除将在一年内摊销的金额后的余额填列。将于一年内摊销的金额应当填列在流动性资产下“一年内到期的非流动资产”项目中。

(四) 根据有关科目余额减去其备抵科目余额后的净额填列

① 应收票据项目:反映企业收到的未到收款期也未向银行贴现的应收票据,包括商业承兑汇票和银行承兑汇票,应根据“应收票据”科目的期末余额减去“资产减值损失”科目有关应收票据计提的坏帐准备期末余额后的金额填列。已向银行贴现的应收票据不包括在本项目内,其中已贴现的商业承兑汇票应在会计报表附注中单独披露。

② 其他应收款项目:反映企业对其他单位和个人的应收和暂付的款项,减去已计提的坏账准备后的净额。本项目应根据“其他企业收款”科目的期末余额减去“资产减值损失”科目中有关其他应收款计提的坏账准备期末余额后的金额填列。

③ 长期股权投资项目:反映企业不准备在一年内(含一年)变现的各种股权性质的投资的可收回资金。本项目名根据“长期股权投资”科目的期末余额,减去“长期投资减值准备”科目中有关股权投资减值准备期末余额后的金额填列。

④ 在建工程等项目:反映企业期末各项未完工程的实际支出,包括交付安装的设备价值,未完建筑安装工程已经耗用的材料,工资费用支出,预付出包工程的价款,已经建筑安装完毕但尚未交付使用的工程等的可收回金额。本项目应根据“在建工程”科目的期末余额减去“在建工程减值准备”科目期末余额后的金额填列。

⑤ 固定资产项目:反映企业各种固定资产的净值。融资租入的固定资产在产权尚未确定之前其原价及已提折旧也包括在内。融资租入固定资产原价还应在会计报表中付注中另行反映。本项目应根据“固定资产”科目的期末余额减去“累计折旧”、“固定资产减值准备”备抵科目余额后的净额填列。

⑥ 无形资产项目:反映企业各项无形资产的期末可收回金额。应当根据“无形资产”科目的期末余额减去“累计摊销”、“无形资产减值准备”备抵科目余额后的净额填列。

（五）综合运用上述填列方法分析填列

存货项目:反映企业期末在库、在途和在加工中的各项存货的可变现净值,包括各种商品、包装物、低值易耗品、委托代销商品等。需要根据“原材料”、“委托加工物资”、“周转材料”、“材料采购”、“在途物资”、“发出商品”和“材料成本差异”等总账科目期末余额的分析汇总数,再减去“存货跌价准备”科目余额后的净额填列。库存商品采用售价核算的企业,还应按减去“商品进销差价”后的金额填列。

举例说明资产负债表的编制方法。

中东商业有限责任公司2011年6月30日各总分类账户及明细账户余额,如表11.2所示。

表11.2　总分类账户余额表

资产类账户	余　额	负债及所有者权益类账户	余　额
库存现金	9 620	短期借款	1 878 590
银行存款	172 033	应付票据	620 480
其他货币资金	281 062	应付账款	850 000
交易性金融资产	500 000	预收账款	678 816
应收票据	260 740	其他应付款	184 630
应收账款	2 864 270	应付职工薪酬	98 600
坏账准备	-14 321	应交税费	434 000
预付账款	394 276	长期借款	182 000
其他应收款	37 736	实收资本	8 000 000
在途物资	509 000	资本公积	74 000
库存商品	2 836 350	盈余公积	126 750
周转材料	420 000	利润分配	848 000
长期股权投资	800 000		

（续表）

资产类账户	余　额	负债及所有者权益类账户	余　额
固定资产	6 200 000		
累计折旧	-1 812 300		
在建工程	627 400		
无形资产	350 000		

表 11.3　明细账户余额表

账　户		借　方	贷　方
应收账款	A 企业	3 324 270	
	B 企业		460 000
应付账款	C 企业	95 000	
	D 企业		945 000
预付账款	E 企业		90 000
	F 企业	484 276	

其他有关资料如下：长期借款中一年内到期的借款 35 000 元。

根据以上资料编制的资产负债表，如表 11.4 所示。

注意：资产负债表的编制主要是根据资产、负债、所有者权益类账户的余额。

表 11.4　资产负债表　　　　会企:01 表

编制单位:中东商业有限责任公司　　　　2011 年 6 月 30 日　　　　单位:元

资　产	期末余额	年初余额	负债和所有者权益	期末余额	年初余额
流动资产：			流动负债：		
货币资金	462 715		短期借款	1 878 590	
交易性金融资产	500 000		交易性金融负债		
应收票据	260 740		应付票据	620 480	
应收账款	3 309 949		应付账款	1 035 000	
预付账款	579 276		预收账款	1 138 816	
应收利息			应付职工薪酬	98 600	
应收股利			应交税费	434 000	
其他应收款	37 736		应付利息		
存货	3 765 350		应付股利		
一年内到期的非流动资产			其他应付款	184 630	

（续表）

资　产	期末余额	年初余额	负债和所有者权益	期末余额	年初余额
其他流动资产			一年内到期的非流动负债	35 000	
流动资产合计	8 915 766		其他流动负债		
非流动资产：			流动负债合计	5 425 116	
可供出售金融资产			长期借款	147 000	
持有至到期投资			应付债券		
长期应收款			长期应付款		
长期股权投资	800 000		专项应付款		
投资性房地产			预计负债		
固定资产	4 387 700		递延所得税负债		
在建工程	627 400		其他非流动负债		
工程物资			非流动负债合计	147 000	
固定资产清理			负债合计	5 572 116	
生产性生物资产			所有者权益（或股东权益）		
油气资产			实收资本（或股本）	8 000 000	
无形资产	350 000		资本公积	74 000	
开发支出			减：库存股		
商誉			盈余公积	126 750	
长期待摊费用			未分配利润	1 308 000	
其他非流动资产			所有者（或股东）权益合计	9 508 750	
非流动资产总计	6 165 100				
资产总计	15 080 866		负债和所有者权益合计	15 080 866	

任务三　编制利润表

任务目标

通过本任务的学习：

- 了解什么是利润表。
- 掌握利润表的编制方法。

业务认知

一、利润表的意义

利润表是指反映企业在一定会计期间的经营成果的会计报表。

利润表可以从总体上了解企业收入和成本费用,净利润(或亏损)的实现及构成情况,利润表所提供的财务信息主要有以下作用。

① 评价企业的经营效益和经营成果,了解企业获利能力的大小。

② 考核企业的利润计划的执行情况和利润的构成,考核评价企业管理层的效能。

③ 预测企业在未来一定时期内的赢利趋势,了解投资者投入资本的保值增值情况。

二、利润表的结构

利润表是依据“收入－费用＝利润”的经济内容编制的。在结构上可以有两种,一种是单步式,一种是多步式。单步式的利润表是把企业本期所有收入汇集在一起计算出收入合计数,再将本期成本、费用、损失等汇集一起计算出一个支出合计数,两者相抵,计算出企业的总损益。由于只有一个步骤,故称为单步式利润表。多步式利润表,是将利润的构成做大项分类,采用上下加减的报告式格式,通过多步骤计算确定本期净利润额的报表形式。多步式利润表一般包括以下几个步骤。

第一步,以营业收入为基础,减去营业成本、营业税金及附加、销售费用、管理费用、财务费用、资产减值损失,加上公允价值变动收益(减去公允价值变动损失)和投资收益(减去投资损失),计算出营业利润。

第二步,以营业利润为基础,加上营业外收入,减去营业外支出,计算出利润总额。

第三步,以利润总额为基础,减去所得税费用,计算出净利润(或亏损)。

普通股或潜在普通股已公开交易的企业,以及正处于公开发行普通股或潜在普通股过程中的企业,利润表中还应列示每股收益信息。

以上各部分是按其内容构成利润净额的重要性依次排列计算的,由此得出多步式利润表,其格式如表 11.5 所示。

表 11.5　利润表

会企:02 表

编制单位:　　　　　　　　　　　年　月　　　　　　　　　　单位:元

项　目	本期金额	上期金额
一、营业收入		
减:营业成本		
营业税金及附加		
销售费用		
管理费用		
财务费用		
资产减值损失		
加:公允价值变动收益		
其中:对联营企业和合营企业的投资收益		
二、营业利润(亏损以"-"号填列)		
加:营业外收入		
减:营业外支出		
其中:非流动资产处置损失		
三、利润总额(亏损总额以"-"号填列)		
减:所得税费用		
四、净利润(净亏损以"-"号填列)		
五、每股收益:		
(一) 基本每股收益		
(二) 稀释每股收益		

三、利润表的编制方法

利润表各项目均需填列"本期金额"和"上期金额"两栏。

"上期金额"栏反映上年该期各项目的发生额,应根据上年该期利润表的"本期金额"栏内所列数字填列。

"本期金额"栏反映各项目本期发生额,除"基本每股收益"和"稀释每股收益"项目外,应当按照相关科目的发生额分析填列。

利润表各项目内容与填列方法如下。

① 营业收入项目:反映企业经营过程中取得的收入总额。应根据"主营业务收入"、"其他业务收入"科目发生额分析计算填列。

② 营业成本项目:反映企业经营过程中发生的成本。应根据"主营业务成本"、"其他业务成本"科目发生额分析计算填列。

③ 营业税金及附加项目:反映企业销售商品、提供非工业性劳务等经营业务应负担的消费税、营业税、城市维护建设税、资源税和教育费附加。应根据"营业税金及附加"、"其他业务成

本"科目的发生额分析计算填列。

④ 销售费用项目:反映企业在销售过程中发生的各项费用,应根据"销售费用"科目的发生额分析计算填列。

⑤ 管理费用项目:反映企业发生的管理费用,应根据"管理费用"科目发生额分析填列。

⑥ 财务费用项目:反映企业发生的财务费用。应根据"财务费用"账户的发生额分析填列。

⑦ 资产减值损失项目:反映企业在经营过程中计提各项资产减值准备所形成的损失。本项目应根据"资产减值损失"科目的发生额分析填列。

⑧ 公允价值变动收益项目:反映企业交易性金融资产等公允价值变动形成的应计入当期损益的利得(或损失)应根据"公允价值变动损益"科目发生额分析填列。如果为损失,以"-"表示。

⑨ 营业利润项目:反映企业经营业务所取得的利润。应根据"营业收入"项目减去"营业成本"、"营业税金及附加"、"销售费用"、"管理费用"、"财务费用"、"资产减值损失"项目,加上"公允价值变动收益"和"投资收益"项目计算填列。

⑩ 营业外收入项目和营业外支出项目:反映企业经营业务以外的收入和支出。应分别根据"营业外收入"和"营业外支出"科目发生额分析填列。

⑪ 利润总额项目:反映企业实现的全部利润。应根据"营业利润"项目加上"营业外收入"减去"营业外支出"计算填列,如果为亏损,以"-"表示。

⑫ 所得税费用项目:反映企业从当年损益中扣除的应上交的所得税费用。应根据"所得税"科目的发生额分析填列。

⑬ 净利润项目:反映企业交纳所得税后实现的净利润。应根据"利润总额"项目减去"所得税"项目填列。如果为净亏损,用"-"表示。

举例说明利润表的编制方法。

中东商业有限责任公司2011年6月30日有关损益类账户的发生额,如表11.6所示。

表11.6　损益类账户发生额

会计科目	6月份发生额	
主营业务收入	700 000	
主营业务成本	521 000	
销售费用	5 920	
营业税金及附加	4 892	
其他业务收入	29 780	
其他业务成本	18 930	
管理费用	5 200	
资产减值损失	3 000	
财务费用	2 045	
投资收益	22 400	
营业外支出	800	
所得税费用	47 958.25	

根据以上资料编制的利润表，如表 11.7 所示。

表 11.7　利润表

会企：02 表

编制单位：中东商业有限责任公司　　2011 年 6 月　　单位：元

项　目	本期金额	上期金额
一、营业收入	700 000	
减：营业成本	521 000	
营业税金及附加	4 892	
销售费用	5 920	
管理费用	5 200	
财务费用	2 045	
资产减值损失	3 000	
加：公允价值变动收益		
其中：对联营企业和合营企业的投资收益	22 400	
二、营业利润（亏损以"－"号填列）	168 793	
加：营业外收入		
减：营业外支出	800	
其中：非流动资产处置损失		
三、利润总额（亏损总额以"－"号填列）	190 393	
减：所得税费用	47 958.25	
四、净利润（净亏损以"－"号填列）	142 434.75	
五、每股收益：		
（一）基本每股收益		
（二）稀释每股收益		

任务训练

一、复习思考题

1. 什么是会计报表？
2. 会计报表如何分类？
3. 资产负债表中存货如何填写？
4. 什么是资产负债表？资产负债表的结构。
5. 利润表中营业利润如何计算？

二、实训操作

1. 资产负债表的编制方法

【目的】掌握资产负债表的编制方法。

【要求】根据如下资料编制资产负债表。

【资料1】华昌企业2011年12月31日各总账账户期末余额，如表11.8所示。

表11.8 华昌企业2011年12月31日各总账账户期末余额

资产类账户	2011年年初数	2011年年末数	负债及所有者权益类账户	2011年年初数	2011年年末数
现金	1 920	1 900	短期借款	23 600	13 000
银行存款	13 604	13 624	应付票据	28 000	3 500
其他货币资金	16 000	15 000	应付账款	43 500	39 000
交易性金融资产	14 000	25 000	预收账款	4 600	5 500
应收票据	12 000	16 000	其他应付款	9 600	5 400
应收账款	32 000	30 000	应付职工薪酬	16 600	15 200
预付账款	20 000	19 000	应交税费	21 000	19 922
坏账准备	−160	−150	应付利润	16 000	15 000
其他应收款	1 615	1 585	应付利息	2 000	20 000
在途物资	37 600	35 100	长期借款	94 000	74 000
周转材料	16 700	12 000	应付债券	38 063	8 063
库存商品	77 500	66 000	长期应付款	23 000	23 000
长期股权投资	36 000	40 000	实收资本	150 000	150 000
固定资产	218 380	178 380	资本公积	1 000	1 414
累计折旧	−33 280	−21 835	盈余公积	26 100	48 778
在建工程	42 000	21 000	利润分配	12 816	15 827
无形资产	4 000	5 000			

【资料2】华昌企业2011年12月31日各有关明细账账户资料，如表11.9所示。

表11.9 华昌企业2011年12月31日各有关明细账账户资料

总 账	明 细 账	借 方	贷 方
预付账款	甲企业	19 500	
	乙企业		500
应收账款	丙企业	40 000	
	丁企业		10 000
应付账款	子企业		42 000
	丑企业	3 000	

【资料3】其他有关资料如下。

①“长期投资”科目中一年内到期的债券投资10 000元。

②“应付债券”科目中一年内到期的应付债券2 500元。

③“长期借款”科目中一年内到期的借款 14 000 元。

2. 利润表的编制方法

【目的】掌握利润表的编制方法。

【资料】华昌企业 2011 年 12 月 31 日有关损益类账户 12 月份数据资料，如表 11.10 所示。

【要求】根据如下资料编制利润表。

表 11.10　华昌企业 2011 年 12 月 31 日有关损益类账户 12 月份数据资料

会计科目	2011 年 12 月份发生额	会计科目	2011 年 12 月份发生额
主营业务收入	65 000	主营业务成本	50 000
其他业务收入	8 000	其他业务成本	6 000
营业外收入	9 850	营业税金及附加	5 000
投资收益	1 400	销售费用	1 200
		管理费用	1 000
		财务费用	300
		营业外支出	400
		所得税费用	6 715.50

尊敬的老师：

您好！

请您认真、完整地填写以下表格的内容（务必填写每一项），索取相关图书的教学资源。

教学资源索取表

<table>
<tr><td>书 名</td><td colspan="3"></td><td>作者名</td><td></td></tr>
<tr><td>姓 名</td><td></td><td>所在学校</td><td colspan="3"></td></tr>
<tr><td>职 称</td><td></td><td>职 务</td><td></td><td>讲授课程</td><td></td></tr>
<tr><td>联系方式</td><td colspan="5">电 话：　　　　　　　　E-mail：</td></tr>
<tr><td>地址（含邮编）</td><td colspan="5"></td></tr>
<tr><td>贵校已购本教材的数量（本）</td><td colspan="5"></td></tr>
<tr><td>所需教学资源</td><td colspan="5"></td></tr>
<tr><td>系/院主任姓名</td><td colspan="5"></td></tr>
</table>

系/院主任：____________________（签字）

（系/院办公室公章）

20______年______月______日

注意：

① 本配套教学资源仅向购买了相关教材的学校老师免费提供。

② 请任课老师认真填写以上信息，并**请系/院加盖公章**，然后传真到（010）88252319 或（010）80115555 转 735253 索取配套教学资源。也可将加盖公章的文件扫描后，发送到fservice@126.com 索取教学资源。

電子工業出版社
PUBLISHING HOUSE OF ELECTRONICS INDUSTRY
http://www.hxedu.com.cn
http://www.phei.com.cn

全国信息化应用能力考试介绍

考试介绍

全国信息化应用能力考试是由工业和信息化部人才交流中心组织，以工业和信息技术在各行业、各岗位的广泛应用为基础，检验应试人员应用能力的全国性社会考试体系，已经在全国近1 000所职业院校组织开展，每年参加考试的学生超过100 000人次，合格证书由工业和信息化部人才交流中心颁发。为鼓励先进，中心于2007年在合作院校设立“国信教育奖学金”，获得该项奖学金的学生超过300名。

考试特色

* 考试科目设置经过广泛深入的市场调研，岗位针对性强；
* 完善的考试配套资源（教学大纲、教学PPT及模拟考试光盘）供师生免费使用；
* 根据需要提供师资培训、考前辅导服务；
* 先进的教学辅助系统和考试平台，硬件要求低，便于教师模拟教学和考试的组织；
* 即报即考，考试次数和时间不受限制，便于学校安排教学进度。

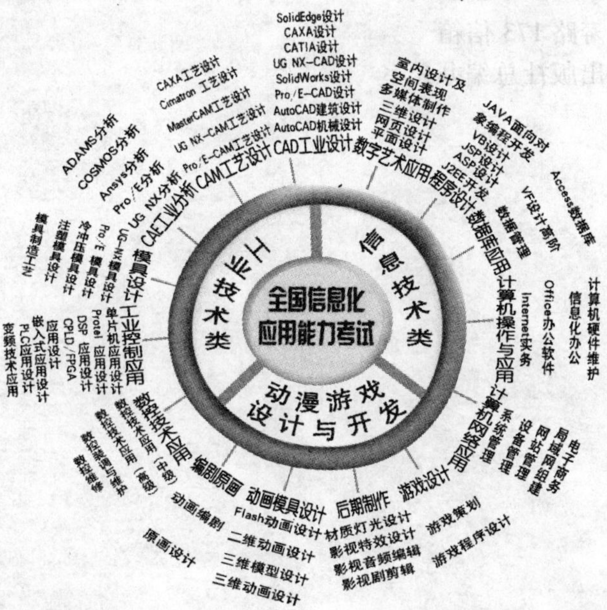

欢迎广大院校合作咨询！

工业和信息化部人才交流中心教育培训处

电　　话：010－88252032转850/828/865

E－mail　：ncae@ncie.gov.cn

官方网站：www.ncie.gov.cn/ncae

反侵权盗版声明

举报电话：(010)88254396；(010)88258888
传　　真：(010)88254397
E－mail　：dbqq@phei.com.cn
通信地址：北京市万寿路173信箱
　　　　　电子工业出版社总编办公室
邮　　编：100036